INTRODUÇÃO A RELAÇÕES COM INVESTIDORES

JOSÉ MARCOS TREIGER
Consultor, Professor e ex-Diretor de RI

INTRODUÇÃO A RELAÇÕES COM INVESTIDORES

Um guia prático e conciso sobre a Comunicação com o **Mercado de Capitais**

ALTA BOOKS
E D I T O R A
Rio de Janeiro, 2021

Introdução a Relações Com Investidores
Copyright © 2021 da Starlin Alta Editora e Consultoria Eireli.
ISBN: 978-65-5520-617-3

Todos os direitos estão reservados e protegidos por Lei. Nenhuma parte deste livro, sem autorização prévia por escrito da editora, poderá ser reproduzida ou transmitida. A violação dos Direitos Autorais é crime estabelecido na Lei nº 9.610/98 e com punição de acordo com o artigo 184 do Código Penal.

A editora não se responsabiliza pelo conteúdo da obra, formulada exclusivamente pelo(s) autor(es).

Marcas Registradas: Todos os termos mencionados e reconhecidos como Marca Registrada e/ou Comercial são de responsabilidade de seus proprietários. A editora informa não estar associada a nenhum produto e/ou fornecedor apresentado no livro.

Impresso no Brasil — 1ª Edição, 2021 — Edição revisada conforme o Acordo Ortográfico da Língua Portuguesa de 2009.

Erratas e arquivos de apoio: No site da editora relatamos, com a devida correção, qualquer erro encontrado em nossos livros, bem como disponibilizamos arquivos de apoio se aplicáveis à obra em questão.

Acesse o site **www.altabooks.com.br** e procure pelo título do livro desejado para ter acesso às erratas, aos arquivos de apoio e/ou a outros conteúdos aplicáveis à obra.

Suporte Técnico: A obra é comercializada na forma em que está, sem direito a suporte técnico ou orientação pessoal/exclusiva ao leitor.

A editora não se responsabiliza pela manutenção, atualização e idioma dos sites referidos pelos autores nesta obra.

Dados Internacionais de Catalogação na Publicação (CIP) de acordo com ISBD

T787i	Treiger, José Marcos
	Introdução a relações com investidores: um guia prático e conciso sobre a comunicação com o mercado de capitais / José Marcos Treiger. - Rio de Janeiro : Alta Books, 2021.
	256 p. ; 17cm x 24cm.
	Inclui índice.
	ISBN: 978-65-5520-617-3
	1. Investidores. 2. Mercado de capitais. 3. Empresas de capital aberto. I. Ferraz, Luciana. II. Título.
	CDD 332.024
2021-3777	CDU 330.567.2

Elaborado por Odílio Hilario Moreira Junior - CRB-8/9949

Rua Viúva Cláudio, 291 — Bairro Industrial do Jacaré
CEP: 20.970-031 — Rio de Janeiro (RJ)
Tels.: (21) 3278-8069 / 3278-8419
www.altabooks.com.br — altabooks@altabooks.com.br

Produção Editorial
Editora Alta Books

Gerência Comercial
Daniele Fonseca

Editor de Aquisição
José Rugeri
acquisition@altabooks.com.br

Produtores Editoriais
Illysabelle Trajano
Maria de Lourdes Borges
Thales Silva
Thiê Alves

Marketing Editorial
Livia Carvalho
Gabriela Carvalho
Thiago Brito
marketing@altabooks.com.br

Equipe de Design
Larissa Lima
Marcelli Ferreira
Paulo Gomes

Diretor Editorial
Anderson Vieira

Coordenação Financeira
Solange Souza

Assistente Editorial
Caroline David

Equipe Ass. Editorial
Brenda Rodrigues
Luana Rodrigues
Mariana Portugal
Raquel Porto

Equipe Comercial
Adriana Baricelli
Daiana Costa
Fillipe Amorim
Kaique Luiz
Victor Hugo Morais
Viviane Paiva

Atuaram na edição desta obra:

Revisão Gramatical
Flavia Amanda
Kamila Wozniak

Diagramação
Catia Soderi

Capa
Rita Motta

Ouvidoria: ouvidoria@altabooks.com.br

Editora afiliada à:

DEDICATÓRIA

Dedico este livro à minha esposa Elianne,
aos meus filhos Daniella e Flavio
e aos meus netos: Allan, Alexia e Noah.

AGRADECIMENTOS

Meus mais sinceros agradecimentos por suas revisões e sugestões de melhoria, complementações e correções, aos amigos:

> › *Atademes B. Pereira*
> › *Gustavo Poppe*
> › *J.A. Rugeri*
> › *Prof. Dr. Joaquim Rubens Fontes Filho*
> › *Luciana Paulo Ferreira*
> › *Luiz Felix Cavallari Filho*
> › *Luiz Fernando Brandão*
> › *Marcelo Siqueira*
> › *Thiago Andrade*
> › *Valter Faria*

A todos vocês, muito obrigado!

O AUTOR

JOSÉ MARCOS TREIGER — Niteroiense (1950), é engenheiro formado pela PUC do Rio de Janeiro (1973) com pós-graduação "on-the-job" na Siemens AG (KWU) — em Erlangen, Alemanha (1978–1979). Em 1986, depois de vários anos de sua primeira carreira profissional como engenheiro, quando atuou em importantes projetos de engenharia no Brasil e na Alemanha (inclusive no projeto das Usinas Nucleares de Angra II e III), Treiger começou uma nova carreira em comunicação e marketing com foco no mercado de capitais ou, mais precisamente, em Relações com Investidores (RI).

Treiger é professor de RI do Centro dos Cursos de Extensão da PUC-Rio (CCE PUC Rio), onde realizou os primeiros cursos de extensão em Relações com Investidores (RI) daquela universidade, em 2018 e 2019, respectivamente. Mais recentemente, foi convidado pelo seu renomado IAG (Instituto de Administração e Gerência), a Escola de Negócios da PUC-Rio, para montar e coordenar, juntamente com seus professores, um futuro curso de extensão em mercado de capitais daquele Instituto.

Em 1993, José Marcos organizou a primeira gerência internacional de RI no país, como gerente geral de RI da Aracruz Celulose S.A., a primeira empresa brasileira listada na Bolsa de Nova York (NYSE). E, foi também o primeiro profissional brasileiro a se tornar associado do NIRI — The National Investor Relations Institute dos Estados Unidos, e participou de seminários e cursos daquele instituto.

Em seguida, de 1996 em diante, ele ocupou a posição de superintendente geral de RI da Companhia Siderúrgica Nacional, CSN, recém-privatizada. De 2002 a 2006, Treiger foi convidado como diretor de RI da Braskem SA, hoje a maior companhia petroquímica das Américas.

Na Braskem, montou a diretoria de RI da nova empresa (então recém-criada). Com apenas dois anos de existência, as ações e ADR's da Braskem (a empresa era listada na NYSE, na Bovespa e na Latibex, em Madrid) já apresentavam resultados marcantes: O ADR da Braskem foi o **número 1** em valorização na NYSE em 2003 (609% de apreciação), e permaneceu entre os cinco primeiros ADR's da NYSE, também em 2004 (100% de apreciação). As ações preferenciais da Braskem listadas na Bovespa também tiveram a maior apreciação em 2003, dentre as empresas componentes do Índice Ibovespa.

Em 2004 (setembro), a Equipe de RI da Braskem liderada por Treiger teve um papel de destaque na organização e implementação da Oferta Global de Ações realizada pela Companhia. Com o objetivo de captar US$300 milhões, a oferta foi mais de 6 vezes demandada (demanda total de quase US$2 bilhões), após um Roadshow com 120 reuniões com investidores no Brasil, Argentina, Europa e EUA. Com o "Green Shoe", a operação captou US$420 milhões em ADR's e ações preferenciais locais. Em 2005, a Equipe de RI da Braskem conquistou o prêmio de Maior

Avanço em RI no Brasil da *IR Magazine*, e foi apontada pelo *Institutional Investors Magazine* como a Melhor Equipe de RI da América Latina, no setor químico e petroquímico.

Em 2006, Treiger foi convidado a retornar à CSN como diretor de RI. Em 2007, as ações da CSN apresentaram a maior valorização do Ibovespa, hoje B3 (B3 S.A. Brasil, Bolsa, Balcão). Elas atingiram o primeiro lugar, em valorização também entre todos os ADR's latino-americanos e ficaram entre as quatro melhores performances dentre os ADR's, então listados na NYSE. A liquidez diária da companhia praticamente dobrou na Bovespa e na NYSE, chegando a cerca de R$100 milhões ao dia em São Paulo, e a cerca de US$100 milhões ao dia, em Nova York.

Speaker em mais de uma centena de grandes eventos de mercado, incluindo conferências nacionais e internacionais de equity e de dívida para investidores institucionais, Treiger também participou de inúmeros Roadshows no Brasil, Américas do Norte e do Sul, Europa e Ásia. Ele também organizou diversos eventos nacionais e internacionais de equity, em especial o primeiro Brazil Day na Bolsa de NY (07 de setembro de 2001), assim como os dois maiores eventos financeiros de equity já realizados no Rio de Janeiro: as conferências Rio Investors Day de 2011 e de 2012, respectivamente.

Em especial, o Rio Investors Day de 2012, contou com a presença de executivos de 55 grandes empresas nacionais. Durante o evento, foram realizadas cerca de 600 "one-on-one meetings" entre investidores institucionais e os executivos das empresas representadas. O evento contou ainda com a presença de cerca mil participantes ao longo dos dois dias, do Brasil e do exterior, no Copacabana Palace Hotel.

Treiger foi membro do Conselho da Abrasca e do IBRI, e foi eleito o melhor profissional de RI em 2000 pela Abamec-RJ e em 1999 pela Abamec-MG. E, mais recentemente, professor de RI do Centro de Cursos de Extensão (CCE) da PUC Rio. Hoje, é consultor de empresas na sua especialidade.

APRESENTAÇÃO

Estamos vivendo um momento único na nossa história. Fomos forçados a repensar a maneira como vivemos, nos relacionamos e até como trabalhamos. A digitalização se impôs em todos os aspectos da vida cotidiana. A maior parte do que fazemos hoje remotamente, não era possível ou acessível do ponto de vista financeiro há vinte anos. Somos bombardeados diariamente com uma quantidade de informação maior do que a que havia nas enciclopédias que povoaram nossa infância.

O Brasil, no meio de todo esse cenário, tem pela primeira vez juros reais abaixo de 1% ao ano, e o número de pessoas físicas investindo diretamente em títulos e valores mobiliários negociados em bolsa ultrapassou 3 milhões e 200 mil investidores — números de dezembro de 2020, representando um crescimento de mais de 90%, em 2020 e de mais de 400% em menos de 4 anos. Um cenário mais do que apropriado para o crescimento do mercado de capitais no país, prova disso, são as quase 50 ofertas em análise na CVM no momento em que escrevo estas linhas. Só para comparação, isso é o equivalente aos últimos sete anos de ofertas no Brasil.

A missão de Relações com Investidores (RI) nunca foi tão fundamental e estratégica: *aproximar empresas e mercado de capitais*. E é nesse momento que ganhamos uma atualização do livro ***Uma Introdução a RI — Relações com Investidores***, com base no primeiro livro escrito por José Marcos, há mais de dez anos.

A trajetória do Treiger se confunde com a de RI no Brasil. Quando ele começou, em 1993, o marco regulatório que deu início às empresas de capital aberto no Brasil já tinha 17 anos, mas RI ainda era bem raro nas empresas brasileiras. No ano seguinte, em que a internet chegou ao Brasil, o autor começava sua trajetória na Aracruz Celulose, com o marco de ter organizado a primeira área de RI internacional em nosso país, logo após o primeiro lançamento de ADR's brasileiros na NYSE.

Tive o privilégio de ter sido apresentada à especialidade de Relações com Investidores (RI), pelo Treiger. Foi amor à primeira vista! Há mais de vinte anos comecei nesta estrada, junto com o autor, na **Companhia Siderúrgica Nacional** (CSN), recém-privatizada. Anos depois, nos reencontramos na Braskem a convite de José Marcos, então diretor de RI da empresa, e onde eu também chegaria à mesma diretoria, em 2009. Mantivemos contato, pois a comunidade de RI, até poucos anos atrás, era pequena e unida na vontade de promover a justa valorização de seus profissionais nas companhias onde atuavam. Hoje somos muitos os profissionais de RI, mas ainda há espaço para muitos mais, acompanhando o crescimento do número de novas companhias abertas e listadas em Bolsa e do mercado de capitais em nosso país. Então, o *momento* para *Relações com Investidores* não poderia ser melhor. Aproveitem a experiência e as dicas práticas de quem há quase trinta anos contribui para o crescimento de RI no Brasil.

Luciana Paulo Ferreira
Profissional de Relações
com Investidores desde 2000

PREFÁCIO

José Marcos Treiger é um nome que dispensa apresentações quando o assunto é Relações com Investidores. Depois de ter sido o primeiro gerente de RI brasileiro à frente de um programa de ADR's — quando atuou na Aracruz Celulose SA — em 1993, após ter participado da listagem da CSN na NYSE e promovido a abertura de capital da Braskem com as suas listagens em São Paulo, Nova York e Madrid, Treiger tornou-se um nome de reconhecida relevância em nosso mercado.

Muitos anos e acontecimentos depois, buscando sempre se manter atualizado e proferindo palestras, cursos e treinamentos, José Marcos nos oferece agora este livro sobre o tema de "Introdução a RI", para que possamos alcançar níveis mais avançados na compreensão das boas práticas de governança e do relacionamento das nossas empresas abertas com os seus investidores atuais e potenciais.

Com uma sólida formação que pavimentou a sua atuação em grandes empresas e projetos, Treiger não limita os resultados do seu trabalho aos seus interesses pessoais. Acompanha com grande interesse a evolução da nossa sociedade, com um olhar sempre atento às dinâmicas da nossa economia e práticas corporativas.

Treiger acredita que o caminho para o desenvolvimento brasileiro está na economia de mercado. E que, por meio de um mercado de capitais maior e mais avançado, nosso país poderá se transformar em um ambiente mais justo socialmente, melhor organizado politicamente e atingir, finalmente, uma posição mais segura e mais confortável para todos nós, na qual mereceremos viver e dela usufruir.

Para ele, o melhor caminho a seguir nunca é o mais curto ou o mais simples e fácil. Passional e dedicado, pertence ao conjunto de pessoas com filosofia e mentalidade orientadas por seus ideais. Eu o conheci ainda no "século passado", atendendo como seu consultor, a projetos de Comunicação Financeira e de RI da CSN.

Frequentemente, aprendia algo de novo com ele com as suas variadas fontes de referência e metas inovadoras. Notei, rapidamente, os seus conhecimentos e a sua cultura geral, fascinantes e úteis em qualquer tipo de trabalho. Nossos projetos em comum não se nivelavam pela média ou pelo menor esforço, mas sempre pela busca da excelência e dos melhores resultados possíveis, nossos objetivos centrais.

A cultura do investimento em renda variável se baseia na adoção de práticas que promovam a segurança e a confiança dos investidores nas companhias abertas e nos seus projetos. Isso é valido tanto para investidores pessoas físicas, do grande público, como para profissionais e gestores de grandes fundos de investimento. A cada dia, os RI's "vendem" as empresas que representam ao mercado de capitais e as "retroalimentam" com as informações ou críticas recebidas dele.

Entre essas, quais as melhores práticas esperadas pela comunidade global de analistas e investidores por parte das companhias abertas?

Este livro, uma introdução ao tema "Relações com Investidores" com informações atualizadas, além de útil para aqueles que desejam se especializar ou se aperfeiçoar em RI, ou mesmo que já interagem profissionalmente com as áreas de RI em suas empresas, é valioso também para o leitor que quiser compreender melhor a dinâmica da comunicação e das atividades de relacionamento entre as empresas e o mercado de capitais.

"Zé Marcos", como gosta de ser chamado pelos tantos amigos e admiradores que conquistou ao longo da sua longa e diversificada trajetória, certamente também aqui será reconhecido, nesta sua nova e recém-concluída obra, pelo zelo e atenção com que somente os profissionais e autores dedicados alcançam.

Marcelo Siqueira

Partner | CEO SUMAQ Comunicação Financeira

SUMÁRIO

Glossário............... *12*
Introdução............. *13*

1 Mas, afinal...
Por que abrir o capital
de uma empresa? *17*

2 O que é RI? *29*

3 O departamento de RI
e os seus públicos *45*

4 O RI e os investidores socialmente
responsáveis (ESG) *75*

5 Desenvolvimento
da cultura de
companhia aberta.................*81*

6 A oferta pública inicial
de ações propriamente
dita (o "IPO") *89*

7 Informações obrigatórias *109*

8 O programa de RI *123*

9 A divulgação
de informações voluntárias
e quiet periods....................*133*

10 Assembleias gerais
("Ago's e Age's").................*143*

11 Atos ou fatos
relevantes *147*

12 Relatórios anuais *153*

13 O RI e a tecnologia:
sites, CRM e outros *163*

14 Consultoria em RI
e treinamentos *179*

15 RI e governança
corporativa *187*

16 Preparando e fazendo
apresentações....................*207*

17 Apresentações públicas &
teleconferências
("webcast").........................*215*

18 O RI, viagens
& roadshows......................*221*

19 Listagens
no Exterior *231*

20 O RI e a mídia.....................*239*

21 Enfrentando crises *243*

Conclusão *251*
Referências *253*
Índice *254*

GLOSSÁRIO

ADR: American Depositary Receipts, mecanismo de listagem de ações de empresas de outros países em balcões ou bolsas de valores nos Estados Unidos.

B3 S.A. Brasil, Bolsa, Balcão (ex-BM&F Bovespa): Bolsa de Valores do Brasil, localizada na cidade de São Paulo.

Buy Side: conjunto dos grandes investidores institucionais.

CA: Conselho de Administração de uma empresa de capital aberto.

CRM: Customer Relationship Manager, banco de dados.

CVM: Comissão de Valores Mobiliários.

Disclosure: é o ato de fornecer informações para todos os interessados na situação de uma companhia. Ato de dar transparência à situação econômica da empresa.

DRI: Diretor de Relações com Investidores (estatutário).

Empresas.Net: programa da CVM utilizado pelas companhias abertas para encaminhar informações periódicas e eventuais, sob a forma de documentos e formulários.

Green Shoe: é um lote suplementar de ações que pode ser usado para estabilizar o preço das ações recém-lançadas em um IPO.

IPO: Initial Public Offering, oferta pública inicial de ações de uma empresa.

ITR: Formulário de Informações Trimestrais, é um documento eletrônico de encaminhamento periódico, previsto na Instrução CVM nº 480/09, cujo encaminhamento à CVM é feito por meio do Sistema Empresas.NET.

M&A: Mergers and Acquisitions, designa operações de fusão e incorporação entre empresas.

NASDAQ: mercado de ações *automatizado* norte-americano onde estão listadas cerca de 3.300 ações de diferentes empresas (acrônimo de National Association of Securities Dealers Automated Quotations).

NYSE: New York Stock Exchange, Bolsa de Valores de Nova York. É a maior bolsa de valores do mundo.

Sell Side: bancos de investimento e corretoras.

Shareholders: acionistas de uma empresa.

Stakeholders: é qualquer indivíduo ou organização que, de alguma forma, é impactado pelas ações de uma determinada empresa ("parte interessada"). Incluem os acionistas, investidores, empregados, clientes, fornecedores etc., de uma empresa.

Webcast: ferramenta de RI; espécie de conferência via internet, com a finalidade de transmitir e armazenar palestras, seminários e apresentações corporativas.

INTRODUÇÃO

Este livro visa fornecer apenas uma **introdução** a **Relações com Investidores (RI)**. Peço, por gentileza, aos meus leitores para não o confundirem com um trabalho de natureza jurídica, nem sobre temas igualmente complexos e técnicos, tais como Contabilidade; Finanças; Meio Ambiente; Sustentabilidade; Governança Corporativa; entre outros, que fazem parte do conjunto das atividades desenvolvidas por áreas especializadas. Essas áreas, entretanto, são "interfaces" importantes das áreas de RI, no seu dia a dia. *Assim, agradeço desde já a compreensão dos leitores caso algum tópico apresente simplificações.*

POR QUE RESOLVI ESCREVER ESTE LIVRO?

O meu primeiro livro sobre o mesmo tema — RI — foi editado em 2009. Ele surgiu, então, de um convite muito gentil de Robert Dannenberg e de Raymundo Magliano. Os dois renomados executivos estavam à frente da Expo Money, feiras que ocorriam em várias capitais brasileiras, onde procurava-se difundir o mercado de capitais para investidores individuais.

Eles também desenvolveram uma coleção de livros dedicada ao mercado financeiro e aos investidores: a "Coleção Expo Money". Seus vários livros eram voltados para leitores leigos ou profissionais, que desejavam aprimorar seus conhecimentos em finanças. E, eles acharam então, que a minha experiência na área de RI poderia se transformar em material útil e estimulante aos profissionais da área, em especial para os iniciantes. Neste novo trabalho, baseado naquele, busquei fazer uma atualização (já se passaram mais de dez anos!) e alguns aperfeiçoamentos aqui apresentados.

A minha carreira como RI começou em 1992, quando fui convidado pela então **Aracruz Celulose S.A.** para montar o seu primeiro escritório comercial na Ásia, para o desagrado da minha esposa. Afinal, teríamos de nos mudar para Hong Kong! Eu, entretanto, admito, estava entusiasmado. Mas, ela "deu sorte": os preços de sua commodity, a celulose, caíram muito em seguida, inviabilizando o projeto asiático da companhia. Confesso que fiquei frustrado, pois a minha admiração e o desejo de trabalhar na Aracruz eram então muito grandes.

Mas, naquele mesmo ano, a Aracruz colocava o Brasil no mapa do mercado financeiro americano e internacional, lançando os primeiros ADR's brasileiros na Bolsa de Nova York (NYSE). Ousadamente, a Aracruz partiu logo para o nível III nos seus ADR's, o mais demandante e complexo, com o lançamento de *novas ações* da companhia na NYSE e no Brasil. Em função desse importante e histórico evento, fui novamente chamado pela empresa em 1993. Desta vez, para atuar na organização como "Relações com o Mercado", função que evoluiu para "Relações com Investidores" ou o RI, de hoje.

A Aracruz me conferiu oportunidades de treinamentos nos Estados Unidos, e comecei a interagir com analistas brasileiros e norte-americanos. Foi um período de grande aprendizado, no qual as demandas que vinham de fora, nos levaram a organizar uma área de RI, seguindo o modelo das grandes empresas norte-americanas de capital aberto.

Na ocasião, tive também um privilégio, que foi o grande apoio que recebi da equipe da Dewe Rogerson (empresa de consultoria em RI baseada em Londres e em Nova York). Sua equipe era formada por excelentes profissionais. E, em especial, Felicia Vonella, quem me ensinou os primeiros passos da minha nova especialidade.

Mais adiante, em 1996, já na CSN e mais experiente, aperfeiçoei os meus conhecimentos no curso de "Teoria e Prática em RI" da *School of Business* da Universidade de Michigan, em Ann Arbor, nos Estados Unidos.

Logo após iniciar as minhas atividades em RI, tanto eu como a minha recém-criada equipe da Aracruz, reconhecemos algo muito importante: a atenção para ambos os mercados, brasileiro e internacional, teria que ser sempre a mesma, tempestiva, completa e transparente. Assim surgiu a primeira área de

RI com uma nova missão, até então inédita no país. Missão esta que era a de se dedicar igualmente, tanto ao mercado local, como ao mercado internacional.

Até então, havia as atividades de "Relações com o Mercado". Mas, a função era desempenhada, na maioria das vezes, pelos diretores financeiros das empresas e de uma maneira esporádica. Não havia um planejamento de curto, médio ou de longo prazo ou objetivos específicos. Era muito mais uma atividade *reativa* aos pedidos eventuais de Analistas de Mercado ou da ABAMEC, hoje APIMEC, então uma relativamente jovem associação. Passamos a ter outra visão e dedicação para com o mercado financeiro; bem mais proativas e integradas à estratégia da empresa, como um todo.

Alguns anos depois, fui convidado para trabalhar na histórica **Companhia Siderúrgica Nacional (CSN)**, recém-privatizada. A CSN era uma empresa muito pouco conhecida fora do país; contava com um histórico de problemas políticos, além de uma imagem não muito boa. A nova administração, que já tinha consciência de que precisaria captar bilhões de dólares, somente para revitalizar e modernizar o seu grande parque industrial, há muito sem os investimentos mínimos necessários à sua atualização, viu na área de RI uma importante aliada para o objetivo de captar os recursos necessários ao "revamping" da grande usina e reduzir os custos de capital da "nova" empresa.

Estive na diretoria da CSN por duas ocasiões. No intervalo, surgiu o convite e a atraente oportunidade de participar da estruturação da Braskem S/A. A empresa fora recém-criada, a partir da Copene Petroquímica do Nordeste S.A., localizada no coração do Polo Petroquímico de Camaçari, a poucos quilômetros de Salvador, na Bahia.

Na Braskem, também organizei a sua nova diretoria de RI e participei inclusive da colocação, bem-sucedida, da Oferta Global de ações da empresa no Brasil e no exterior. Na ocasião, essa oferta não pôde ser designada como uma Oferta Primária de Ações, ou IPO (como conhecida no exterior), pois a Copene, sua origem, já era uma empresa de capital aberto e listada em bolsa. Após 120 reuniões no Brasil, Argentina, Europa e Estados Unidos, captamos US$430 milhões para a empresa, valor por si muito expressivo para uma captação de equity, *naquela época*. E, é importante assinalar que a oferta foi tão bem recebida, que apresentou uma demanda total de quase US$1 bilhão.

Ao longo dessa trajetória, vivi muitas situações completamente novas para mim e ricas em aprendizado profissional. Cultivei muitos relacionamentos importantes nos mercados de capitais brasileiro, norte-americano, europeu e asiático; nas Bolsas de Nova York, Londres e Madrid. Troquei experiências, informações e aprendi muito com executivos e consultores renomados, analistas nacionais e do exterior, investidores institucionais de peso em diversas áreas como papel e celulose, siderurgia e mineração, petroquímica e "utilities" (geração e distribuição de energia elétrica).

Sempre desejei, modestamente, poder compartilhar a minha longa experiência profissional e ajudar a desenvolver uma nova geração de RI's, mostrando como melhor responder e atender, na prática, as principais demandas da área e os seus pontos críticos. E, responder a perguntas básicas, entre elas: Como organizar uma nova área de RI? Como atrair investidores? Como buscar a "cobertura ideal" da empresa por analistas importantes? Que características o profissional de RI precisaria ter ou deveria aperfeiçoar? Como ele deveria lidar com o seu competitivo e muitas vezes "ciumento" ambiente corporativo? Como conquistar a credibilidade interna, dos diretores executivos do "C-Level", ao Conselho de Administração, e, ao mesmo tempo, do mercado de capitais? No mundo das fusões e aquisições de hoje, onde as grandes corporações crescem cada vez mais por meio de trocas de suas ações, como buscar, planejadamente, o "justo valor de mercado" da empresa onde se atua?

Essas são algumas das respostas que procurei, modestamente, apresentar. O que espero que eu tenha razoavelmente, conseguido. Outro objetivo do livro, é fazer com que as empresas, seus diretores executivos e conselheiros, percebam, com mais clareza, como a área de Relações com Investidores, atuando em parceria com a alta administração e idealmente com o próprio Conselho de Administração, pode exercer uma função importante e estratégica, muito valiosa para o sucesso empresarial.

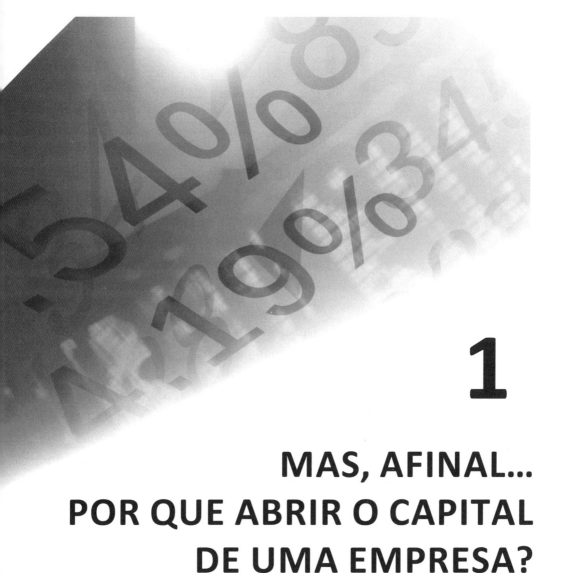

1

MAS, AFINAL...
POR QUE ABRIR O CAPITAL
DE UMA EMPRESA?

Ref.: Capítulo 2 do livro *Brasil S/A*, escrito com **Atademes Branco Pereira**.

No Brasil, a lei geral básica e, quiçá, a mais importante em relação ao mercado de capitais é a **Lei nº 6.385/76**, conhecida como a Lei dos Mercados de Capitais. Ela criou a estrutura jurídica necessária ao fortalecimento desse mercado no país, inclusive criando a Comissão de Valores Mobiliários, CVM. Também se destaca a **Lei nº 6.404/76**, comumente chamada de **Lei das Sociedades Anônimas** ou **Lei das S.A.s**. Elas estabelecem uma sistemática que busca regular, proteger e fornecer segurança jurídica aos participantes do mercado de capitais, em especial aos investidores menos qualificados ou minoritários.

No Brasil, *abrir o capital* significa obter o registro de companhia aberta perante a CVM, o que qualifica a empresa a realizar Ofertas Públicas de Valores Mobiliários (ações ou títulos de dívida, tais como debêntures) para o público em geral e ter esses valores mobiliários negociados em mercados regulamentados, conforme a Instrução **CVM nº 480/09**.

É importante notar que *abrir o capital* não é a mesma coisa que uma primeira Oferta Pública de Ações (no exterior conhecida como Initial Public Offering ou IPO), como alguns erradamente pensam. A abertura de capital é, na realidade, *um passo anterior ou concomitante* a um IPO. O processo de IPO, por sua vez, é regido por outras normas e procedimentos próprios, seguindo instruções específicas da CVM: a Instrução **CVM nº 400/09** ou a Instrução **CVM nº 476/09**.

A Oferta Pública utilizando a Instrução **CVM nº 400** é a forma tradicional de acesso ao mercado de capitais. Já a Oferta Pública da Instrução **CVM nº 476** veio para modernizar e facilitar o acesso ao mercado de capitais. Suas obrigações são menores que uma

Oferta Pública da Instrução CVM nº 400, o que facilita e reduz custo. É conhecida como "Oferta Pública com esforços restritos", já que pode ser feita para no máximo 75 "Investidores Profissionais".

Em geral, o motivo e a vantagem principal da abertura de capital de uma empresa é capacitar a companhia a obter recursos financeiros por meio das Ofertas Públicas de valores mobiliários (OPA's). É também muito importante considerar que o processo de abertura de capital de uma companhia precisa ser muito bem estudado e deve ser visto internamente como uma decisão altamente estratégica. A empresa precisa, *antes de abrir o seu capital*, avaliar muito bem a sua viabilidade e a sua conveniência para si própria. Entre outras, a empresa precisa avaliar as medidas necessárias para se adequar às novas exigências, para manter o seu registro de companhia aberta e avaliar as vantagens e desvantagens específicas para o seu caso.

Há alguns anos a **B3 S.A. Brasil, Bolsa, Balcão** (ex-BM&F Bovespa) vem se esforçando para tornar o mercado de capitais mais atraente tanto para novas empresas quanto para investidores. Com esse objetivo, a B3 criou os segmentos de Governança Corporativa, que são os seguintes: **Novo Mercado**, **Nível 2**, **Nível 1** e **Bovespa Mais**.

VANTAGENS DA ABERTURA DE CAPITAL

1) Vantagens Financeiras

As companhias de capital aberto têm acesso a um número bem maior de agentes de mercado para captar recursos financeiros, o que lhes confere uma vantagem estratégica significativa sobre as companhias de capital fechado. Pois, enquanto as últimas têm as suas fontes de financiamento restritas a um grupo limitado de acionistas e instituições financeiras, as primeiras podem obter recursos vultosos, seja por meio de ofertas públicas ou privadas, conforme o caso, acessando o público em geral e as demais instituições e investidores do mercado financeiro e de capitais.

Aqui se destacam os fundos de investimento e os grandes investidores institucionais, as empresas seguradoras e as entidades privadas de previdência complementar (os chamados "fundos de pensão"). Por exemplo: PETROS, da Petrobras;

PREVI, do Banco do Brasil; FUNCEF, da Caixa Econômica Federal etc. E, para a obtenção de recursos do Banco Nacional do Desenvolvimento Econômico e Social ("BNDES"), as companhias abertas levam certa vantagem sobre as de capital fechado. Isso porque já possuem ou já estão mais familiarizadas com os mecanismos de administração, gestão e de controles internos usualmente exigidos pelo BNDES na análise *e aprovação* dos seus projetos de investimento.

Por fim, as companhias de capital aberto podem obter recursos a menor custo. Pois podem ofertar *publicamente* as suas ações àqueles que estão aptos e dispostos a pagar *o melhor preço*. Uma OPA é uma das fontes *mais econômicas* de financiamento para uma empresa. Afinal, ela **não tem a obrigação de amortizar ou de remunerar as ações vendidas em uma OPA**. Ela só passa a ter a obrigação de distribuir aos seus investidores os dividendos mínimos obrigatórios que, conforme os termos da **Lei nº 6.404/76**, já mencionada, normalmente equivalem a 25% do lucro líquido do exercício. E, em geral, uma empresa que é vista como *boa pagadora de dividendos* é também vista como *atraente* pelo mercado.

Adicionalmente, e como já mencionado, a CVM aprovou mais recentemente a Instrução **CVM nº 476/09** que possibilita Ofertas Públicas de valores mobiliários somente para **investidores profissionais**. Nesse tipo de oferta, não há a necessidade de registro dela na CVM. Mas, só podem participar dessas ofertas, investidores (pessoas físicas ou jurídicas) que possuam mais de R$10 milhões em investimentos aplicados no mercado financeiro. E, que atestem essa condição por escrito. Essas são as "pessoas" consideradas como sendo "investidores profissionais". Também são considerados assim as instituições financeiras; companhias seguradoras; entidades abertas e fechadas de previdência complementar; fundos de investimento e outros.

Esse tipo de oferta, por sua vez, tem algumas limitações importantes. Ela só pode ser apresentada a, *no máximo*, **75 investidores profissionais**. E desses, **somente 50** podem realmente adquirir os papéis oferecidos. Por isso, esse tipo de oferta é denominado de **Oferta Pública com *esforços restritos***. Interessante é que, embora pareça que o número de investidores profissionais seja pequeno nesse tipo de oferta, ele é, na realidade, bastante significativo. Isso porque as ofertas usuais, aquelas que seguem a Instrução **CVM nº 400**, exceto naquelas para investidores pessoas físicas e com esforços de venda no exterior, não costumam envolver um número muito maior do que esse de investidores profissionais.

Quanto aos custos, as Ofertas Públicas são usualmente mais vantajosas do que as alternativas de captação de recursos. Isso porque as companhias abertas têm acesso a financiadores cujas *taxas de juros são menores* do que aquelas praticadas pelos bancos para o mercado em geral. E, muito importante: as companhias abertas podem ainda ofertar também, publicamente, por exemplo, seus títulos de dívida. Esses terão as suas taxas de juros estabelecidas por meio de uma espécie de *leilão*, comumente chamado de "Bookbuilding". Nesse "leilão", os investidores que *exigirem os menores juros* serão aqueles que poderão comprar os papéis emitidos pela empresa.

Além disso, os mecanismos de administração; a transparência obrigatória de informações; os processos de auditoria independente e de fiscalização das companhias abertas; entre outras diferenças, levam também a uma redução nos seus custos de captação de recursos, pois tudo isso em conjunto, leva a um *maior nível de confiança* na empresa.

Por fim, as companhias abertas tendem a obter *melhores níveis de classificação de riscos* (ratings) das agências de avaliação de riscos. As três principais agências de classificação de crédito são a S&P Global Ratings (S&P), a Moody's e o Fitch Group. A S&P e a Moody's têm sede nos Estados Unidos, enquanto a Fitch tem sede dupla, nas cidades de Nova York e Londres. Estima-se que as três possuam uma participação no seu mercado global de mais de 90%.

Importante mencionar também que o rating considera, além dos aspectos financeiros, a prática de Governança Corporativa da companhia, a sua estrutura organizacional e os níveis de "compliance" internos sendo praticados. Assim, a abertura de capital pode ser bastante vantajosa para a obtenção de um *nível de classificação melhor* para seus títulos de dívida, dando mais conforto e segurança aos financiadores e, finalmente, possibilitando que a empresa *pague juros mais baixos* para os seus financiamentos.

2) Vantagens Estratégicas

A companhia aberta pode realizar Ofertas Públicas de valores mobiliários a qualquer momento. Isso lhe dá uma vantagem estratégica em relação às de capital fechado. Essa facilidade também dá à empresa melhores possibilidades de alcançar equilíbrio em sua estrutura de capital. Ou seja: uma *melhor relação entre o capital de terceiros e o seu capital próprio.* Inclusive, podendo se aproveitar mais rapidamente das oportunidades que apareçam no mercado, ou das chamadas "janelas de mercado".

Pela Instrução **CVM nº 400/02**, a companhia pode, estrategicamente, manter "ativo" um programa de emissão pública de debêntures, no qual a Oferta Pública já se encontra previamente registrada ("na prateleira") e *ao perceber uma oportunidade de mercado*, "uma janela", pode lançar a sua oferta rapidamente, passando à frente de competidores.

Adicionalmente, a companhia aberta, com ações negociadas em Bolsa, **tem as próprias ações como importante reserva de moeda própria** para utilizar em operações de fusões ou aquisições, conhecidas como **M&A** (Mergers and Acquisitions). Em operações desse tipo, os donos das ações incorporadas recebem em troca do seu investimento ações da nova companhia aberta e podem utilizar as Bolsas de Valores para transformar em caixa, "monetizar", o seu investimento. Nessa nova estrutura, a companhia aberta passa a ser a "controladora", por exemplo, de uma *nova empresa — sem a necessidade do seu desembolso de caixa.*

A abertura de capital e o lançamento das ações também podem permitir uma estratégia de *planejamento sucessório*. A estrutura organizacional de uma companhia aberta exige uma administração profissional capaz de assegurar o sucesso e a "perenização" do negócio. Assim, por exemplo, os herdeiros daquelas companhias antes apenas familiares, com membros da família atuando nas diretorias da empresa e que muitas vezes não detinham os conhecimentos técnicos e financeiros necessários, nem as condições efetivas para geri-la, passam a poder se beneficiar do legado de seus familiares **como acionistas da companhia**. Além disso, eles podem deixar a administração para profissionais realmente experientes. Ou ainda, os herdeiros podem vender a sua parte da empresa em Bolsa de Valores — evitando assim discussões ou mesmo confrontos com outros familiares, frequentes e penosos, em transações privadas e entre parentes.

Outra vantagem estratégica para as companhias de capital aberto com suas ações listadas em Bolsa é a possibilidade de oferecer opções de compra de suas próprias ações aos seus administradores e empregados. Assim, eles podem comprar as ações por um *preço pré-determinado* e depois vendê-las no mercado. Além de ser um mecanismo adicional de *remuneração* para os empregados, as opções também ajudam a *alinhar os interesses da companhia e dos controladores* com os interesses de seus administradores e demais colaboradores (agora também acionistas), que passam a se sentir também como "donos da empresa". O que os incentiva a trabalhar e a se empenhar ainda mais pelo sucesso da empresa, melhorando a sua Governança Corporativa e, consequentemente, valorizando suas próprias ações.

3) Vantagens Reputacionais

A abertura do capital de uma companhia significa o compromisso de adotar e manter padrões de administração, Governança Corporativa e de maior transparência, que demonstram a maturidade mais avançada da empresa. O que, consequentemente, melhora a sua **reputação corporativa**. As companhias abertas possuem obrigatoriamente um Conselho de Administração (CA) que é composto, usualmente, por profissionais com grande experiência e, por vezes, até de renome na gestão de negócios.

As companhias listadas nos segmentos de Governança Corporativa da B3 precisam ter ainda, obrigatoriamente, um número mínimo de conselheiros independentes (ou seja, profissionais desvinculados dos acionistas controladores e dos demais administradores). Essa medida procura evitar nas decisões do conselho uma visão sempre a favor dos interesses dos controladores da companhia. Há ainda a possibilidade de o CA contar também com membros eleitos pelos acionistas minoritários ou mesmo pelos empregados, protegendo assim, de alguma forma, os seus interesses na gestão dos negócios da empresa.

Além de tudo isso, uma companhia aberta também deve, conforme a Instrução **CVM nº 480/09**, contar com um **Diretor de Relações com Investidores (DRI)**. Esse diretor tem a função e a responsabilidade de prestar informações ao público investidor, à CVM, às Bolsas de Valores e de manter sempre atualizado o registro da empresa. Ele funciona como um *interlocutor permanente e acessível com o mercado de capitais*. Inclusive, com potenciais investidores; analistas; bancos de investimento e outras instituições financeiras; órgãos reguladores; enfim, com o mercado de capitais, em geral.

Em algumas empresas essa função é "acumulada" pelo CFO (Diretor Financeiro). Em outras, o DRI é focado e dedicado exclusivamente à função de RI e ao seu relacionamento estratégico e de comunicação com o mercado.

Essa solução, quando possível, é sempre a melhor. Pois o CFO, em geral, acaba por ter *bem menos tempo livre* das suas inúmeras obrigações exclusivamente financeiras, para dar a atenção devida ou ideal ao mercado. E, menos ainda, para pensar de maneira estratégica o seu relacionamento com ele.

Por fim, as companhias abertas precisam adotar práticas que assegurem a divulgação de informações sobre os negócios, estratégias corporativas, vantagens competitivas, "drivers" de crescimento e resultados. E isso precisa ser feito com as informações mais confiáveis e disponíveis naquele momento perante terceiros importantes, como órgãos reguladores, analistas de "research", analistas de investimento, agências de risco, entre outros.

Para isso, as demonstrações financeiras trimestrais ou anuais da companhia devem ser revisadas por **auditores independentes**, com registro perante a CVM. O que confere segurança àqueles que se relacionam com a empresa. Em especial, na avaliação da sua capacidade econômico-financeira, na montagem e análise de modelos matemáticos de resultados futuros etc. Isso tudo se traduz em vantagens econômicas ou negociais à empresa, especialmente em relação aos seus custos de capital, bem como na valorização, a médio e longo prazo, de suas ações.

4) Vantagens para os Stakeholders

Talvez a primeira vantagem para os acionistas da companhia aberta seja a adoção de elevadas práticas de administração e de Governança Corporativa. A criação de uma DRI, a adoção de um CA e também de elevados padrões contábeis revisados por auditores independentes e de práticas padronizadas de divulgação de informações com transparência, dentre outras, são medidas que tendem a incrementar os negócios e os resultados da companhia, assim como a aumentar a confiabilidade dos acionistas com relação ao seu investimento naquela empresa.

A abertura de capital com a listagem das ações em Bolsa de Valores, por sua vez, funciona como um mecanismo de liquidez para os acionistas, pois eles podem vender as suas ações. Como já mencionado, os acionistas podem também alienar suas ações por meio de uma Oferta Pública de ações ao mercado. Essa oferta se denomina de **Oferta Secundária** por não envolver a emissão de novas ações da companhia. Uma OPA pode ter então uma função dupla, podendo viabilizar a atração de novos sócios ou mesmo um *desinvestimento*.

Por fim, como já vimos e em relação aos administradores e colaboradores da companhia, a abertura de capital pode ser utilizada como uma forma de remuneração extra e atrativa, por meio da utilização de planos de opção de compra futura de ações. Esses planos tendem a fazer com que os administradores e colaboradores da empresa (que agora passam a ser também *seus acionistas*) tenham maior dedicação e interesse pessoal no sucesso da empresa.

DESVANTAGENS DA ABERTURA DE CAPITAL

1) DESVANTAGENS FINANCEIRAS

Os custos para a manutenção do registro de companhia aberta são, possivelmente, a desvantagem econômica mais lembrada e mais importante, quando se considera a abertura de capital. Esses custos surgem por diversos fatores: as obrigações de divulgação de informações periódicas e não periódicas ao mercado; a revisão das demonstrações financeiras por auditores independentes; a necessidade de publicações diversas em jornais; a remuneração de um Conselho de Administração; a montagem e a manutenção de um Departamento de RI; os custos de advogados e de consultores externos; o pagamento das taxas de fiscalização à CVM e às Bolsas onde as ações da companhia estão registradas e negociadas, entre outros.

Esses custos, por sua vez, não devem ser confundidos com os custos de uma Oferta Pública de valores mobiliários, tais como para um IPO. A abertura de capital e as Ofertas Públicas têm custos independentes entre si. Cada uma tem um processo e um registro próprio, diferente, perante a CVM. E, é difícil precisar os custos da abertura de capital propriamente dita. Isso porque variam caso a caso. Uma companhia fechada, mas com padrões de administração mais elevados terá menos custos. Principalmente se as suas demonstrações financeiras já são auditadas, se a companhia já possui um Conselho de Administração e diretores capazes de exercer a função de DRI etc.

A CVM e demais órgãos reguladores têm buscado meios de garantir a segurança do mercado e, ao mesmo tempo, reduzir as despesas das companhias abertas. Neste sentido, por exemplo, certas publicações que antes eram obrigatoriamente feitas em jornais, agora já podem ser divulgadas pela internet no

2) Algumas Desvantagens Operacionais, Estratégicas e para os Stakeholders

site da companhia, da CVM e dos mercados onde as ações ou títulos mobiliários da empresa sejam negociados.

2) Algumas Desvantagens Operacionais, Estratégicas e para os Stakeholders

- As companhias abertas são obrigadas a disponibilizar ao mercado uma série de informações administrativas, financeiras e operacionais. Com isso, elas *acabam fornecendo informações aos seus concorrentes* que podem lhes ser úteis, tais como: políticas de descontos oferecidos a clientes; remuneração e benefícios oferecidos pela empresa a seus administradores e empregados; contratos com fornecedores; quais os riscos legais que a companhia tem (processos judiciais e extrajudiciais) etc.

- A companhia aberta fica mais exposta a reclamações de acionistas minoritários na CVM, a comentários negativos por analistas de mercado e a comparações contínuas de desempenho com os seus competidores.

- As companhias de capital fechado têm maior liberdade de expressão, do tipo "somos os melhores", "somos os maiores", "somos os primeiros", muito usadas nas campanhas comerciais. Já, as companhias abertas e com ações em Bolsa têm que tomar muito cuidado ao fazê-lo. Pois, podem ser questionadas por investidores, analistas de mercado e até mesmo pela CVM quanto à veracidade dessas afirmações. Além disso, algumas regras da CVM proíbem que — em certos períodos — os administradores da companhia deem entrevistas ou pareçam estar querendo influenciar o mercado positivamente, ("boosting the market") para aumentar os preços das ações da empresa.

- A empresa terá ainda que despender recursos e realizar atividades da administração voltadas para o mercado de capitais. Os administradores da companhia terão que dedicar parte significativa de seu tempo ao atendimento da regulamentação da CVM, da Bolsa, entre outros. E, o não cumprimento dos regulamentos e das normas aplicáveis, pode importar em responsabilização criminal dos administradores, à qual eles respondem com seu patrimônio pessoal. Assim, o foco, a acuidade e o controle da qualidade na elaboração e na revisão das informações e dos relatórios contábeis a serem divulgados são mandatórios e tomam bastante tempo.

- Há sempre o desejo de que os papéis da companhia sejam bem valorizados pelo mercado. Algumas vezes, há planos de remuneração dos seus executivos de alguma forma atrelada ao valor das ações, por exemplo. Existe então a preocupação de que a administração interfira de alguma forma nessa valorização para melhorar os resultados apresentados, especialmente os de curto prazo, e consequentemente os seus salários, prêmios anuais ou benefícios. O que pode ser ruim para os objetivos de longo prazo da empresa e de seus controladores. Para evitar esse tipo de conflito, conhecido como "conflito de agência", é preciso que haja executivos dedicados a Governança Corporativa da Companhia. A adoção de bons princípios de governança é um dos pontos mais valorizados pelos analistas e investidores financeiros (ver Capítulo 15).

- Existe ainda o desconforto de se tornar parcialmente pública a remuneração da administração. A fim de demonstrar aos investidores o custo-benefício dos administradores, a remuneração máxima, média e mínima destes (inclusive benefícios) precisa ser informada ao mercado.

- Há discussões jurídicas e de mercado sobre esse tema. Mas, é compreensível que a divulgação, mesmo que parcial dos vencimentos dos administradores traga desconforto interno para os executivos da empresa. Isso, em função de aspectos de segurança pessoal, quebra da confidencialidade em um item delicado ou por permitir a comparabilidade com outros colegas etc.

- Por fim, no caso apenas das corporações (empresas que possuem ações pulverizadas no mercado), existe a possibilidade remota de uma "tomada hostil do controle da companhia". O que pode levar a um período bastante conturbado dentro da empresa e de disputas legais, que podem afetar seus resultados, deixar os executivos preocupados com seus empregos e, consequentemente, afetar os resultados ou mesmo o valor de mercado da empresa.

ALGUMAS DIFERENÇAS REGULATÓRIAS IMPORTANTES

COMPANHIAS ABERTAS	COMPANHIAS FECHADAS
Obrigatoriedade de realização de OPA de ações, caso o controlador adquira ações que elevem sua participação em % que impeça a liquidez de mercado das ações remanescentes.	Não há obrigação.
A primeira convocação para assembleia geral deve ser feita com, no mínimo, 15 dias de antecedência, e a segunda convocação, se necessária, com no mínimo, 8 dias de antecedência da realização da assembleia.	Primeira convocação para assembleia geral deve ser feita com, no mínimo, 8 dias de antecedência, e a segunda convocação, se necessária, com no mínimo, 5 dias de antecedência.
O conselho de administração é obrigatório.	O conselho de administração é facultativo, salvo nas companhias fechadas de capital autorizado.
Obrigação de divulgar fatos relevantes ocorridos nos negócios da companhia.	Não há obrigação.
Obrigatoriedade de elaboração das demonstrações financeiras em consonância com os padrões internacionais de contabilidade e de submissão das demonstrações financeiras a auditores independentes.	Não há obrigação.
Obrigatoriedade de realização de OPA das ações com direito a voto em caso de alienação, direta ou indireta, do controle, também chamado de *tag along*.	Não há obrigação.

2

O QUE É RI?

Relações com Investidores (RI) é uma função executiva estratégica integrante da alta administração de uma empresa e que combina as disciplinas de finanças, comunicação e marketing corporativo. Seu objetivo é o de amplificar a credibilidade da companhia de forma a impactar positivamente seu Valor de Mercado e reduzir seus custos de capital.

O reconhecimento da importância da área de RI no Brasil nos últimos anos aumentou bastante, acompanhando o crescimento do mercado de Capitais no país. Uma das razões para isso é o papel crescente do profissional de RI como um agente interno para a criação e o desenvolvimento da **cultura de empresa de capital aberto**, num mercado no qual um número ainda pequeno de empresas abriu seu capital, mas, com muitas que, mais recentemente, começaram a se preparar mais ativamente para fazê-lo e listar as suas ações em Bolsa. Também no exterior, a função de RI é muito valorizada, há muitos anos.

Por fim, o sucesso da área de RI corresponde a um expressivo ganho de credibilidade para a companhia, com impactos diretos na sua imagem, na sua reputação corporativa e na confiança despertada em seus stakeholders: clientes, fornecedores, empregados e acionistas; e, consequentemente, na percepção sobre o seu próprio e "justo valor" como negócio, além de reduzir, significativamente, os seus custos de captação de recursos.

COMO SURGIU A FUNÇÃO DE RI

Em 1953, o presidente (CEO) da General Electric (GE)®, Ralph Cordiner, percebeu que o mercado de capitais nos Estados Unidos demandava outro tipo de atendimento aos investidores em ações de empresas. Assim, ele acabou criando o primeiro departamento de Relações com Investidores desenhado como uma área específica e que agregava profissionais com outras habilidades além da financeira, como marketing, relações-públicas e comunicação. Era o começo de um trabalho mais amplo, diversificado e, sobretudo, mais bem-feito. Antes da sua iniciativa, a função era desempenhada, em geral, por pessoas da área de Comunicação Corporativa das mesmas empresas.

Cordiner se encontrava em um cenário econômico em ebulição. Não é à toa que a década de 1950 ficou conhecida como "os anos dourados". Os Estados Unidos passavam por um "boom" econômico e como consequência, havia uma boa parcela da população vivendo melhor. Jovens que haviam lutado na Segunda Guerra Mundial e depois na guerra da Coreia ganharam ajuda do governo para cursarem uma universidade.

As previsões pessimistas de que haveria no pós-guerra uma depressão semelhante à ocorrida nos anos 1930 não se confirmaram. Novos negócios se expandiam. Novas tecnologias surgiam. Uma grande classe média se consolidava, com novos padrões de consumo e poupança. A economia ia bem, com juros baixos, sem inflação, com as empresas dando bons resultados e pagando bons dividendos. Era o ambiente perfeito para desenvolver o mercado acionário.

Esse casamento entre o público e as empresas deu tão certo nos Estados Unidos, que rapidamente as ações ganharam, uma dimensão muito importante no portfólio de investimentos e poupança das famílias americanas. Por volta de 1950, o valor total do mercado de ações norte-americano, de acordo com o *National Investors Relations Institute* (NIRI), somava cerca de US$130 bilhões. E agora, mesmo depois das crises financeiras mundiais mais recentes, estamos falando de cerca de **US$49** *trilhões,* **em Março de 2021**! Ou seja, mais do que dois anos de geração de riqueza por toda a economia norte-americana (PIB de US$20,5 trilhões, em 2019, segundo o site da Trading Economics). Só o Valor de Mercado do **setor tecnológico** nos Estados Unidos (somando-se Apple, Amazon, Alphabet, Microsoft e Facebook), em junho de 2020, alcançou cerca de **US$6 trilhões de dólares**! Somente a Apple, por exemplo, viu o seu Valor de Mercado subir de US$50 bilhões, em março de 2006, para US$2,2 Trilhões, em dezembro de 2020!

Outro fato de destaque contribuiu muito para a popularização das ações: uma Oferta Pública da Ford, em 1950, que atraiu muitos acionistas individuais para o mercado acionário ao transformar seus clientes, os compradores de veículos, também em "sócios" da companhia. Com a pulverização do capital das empresas, o canal de comunicação tinha de mudar. Isso porque os investidores individuais, cada vez mais numerosos, passavam a acompanhar de perto o desempenho das empresas nas quais investiam, interferindo, inclusive, em suas diretrizes e estratégias.

Assim, aquela conversa técnica e hermética entre um especialista em finanças da companhia e um grupo de investidores qualificados já não bastava. Não só o tom, mas o conteúdo tinha de ser adaptado a pessoas com pouco conhecimento dos detalhes de um balanço patrimonial, mas que, enquanto acionistas, possuíam o direito de receber informações relevantes, claras e objetivas.

O presidente da GE percebeu então, que estava na hora de "sintonizar em outra frequência" a relação da empresa com seus investidores. E isso, numa época em que ainda não havia internet, computadores pessoais, telefones celulares, mídias sociais etc. Ele levou adiante o seu projeto de criar um departamento de Relações com Investidores, começando por fazer um levantamento de *quais* eram os acionistas da empresa, *que visão tinham* da companhia e *quais as suas reais necessidades.*

Assim, poderia buscar não só a melhor forma de a GE se comunicar com esse público importante, novo, crescente e específico, mas ainda abrir um canal de comunicação que partisse da comunidade de investidores para a empresa. Nasciam, naquele momento, uma nova área, uma nova especialidade e uma nova fase para o mundo corporativo.

O RI ENTRE NÓS

No Brasil, Relação com Investidores (RI) era uma atividade esporádica exercida, até os anos 1990, pelo diretor financeiro — "o fornecedor das informações oficiais da companhia" — e mais raramente pelo presidente da empresa. Tinha o nome de "Relações com o Mercado". Até a década de 1970, as informações sobre o desempenho das empresas eram consideradas estratégicas e até mesmo sigilosas. Não havia a cultura da transparência e os balanços divulgados

RI = RELAÇÕES COM INVESTIDORES É...

RI É UMA ATIVIDADE **ESTRATÉGICA** DESTINADA A
ESTREITAR O RELACIONAMENTO ENTRE A COMPANHIA
E OS SEUS INVESTIDORES ATUAIS E POTENCIAIS.

▷ Combinando atividades de **relações-públicas**, **comunicação corporativa**, **finanças**, **contabilidade**, **marketing** e **sustentabilidade** e fornecendo ao mercado **conhecimentos e informações relevantes e precisas** sobre o desempenho da empresa, a atividade **permite à companhia participar** ativamente **do processo de percepção de riscos e formação de preços dos ativos da empresa**, além de preservar e aprimorar sua reputação.

▷ **Conduzida eficientemente**, RI pode, no longo prazo, contribuir para a **justa precificação do valor de mercado da companhia, enquanto reduz seus custos para obter recursos no mercado de capitais**.

▷ O público prioritário do profissional de RI é o **Mercado de Capitais**, mas deve considerar impactos e desdobramentos de sua comunicação em outros públicos.

costumavam ser apenas anuais e sintéticos. As grandes empresas eram estatais ou estrangeiras, com apenas algumas companhias brasileiras de maior porte, em geral familiares. As indústrias ainda eram concentradas — verdadeiros monopólios, em geral também familiares.

Ainda naquela década, entretanto, o mercado financeiro brasileiro começava a mudar e a progredir, com a aprovação da **Lei das S.A.** em 1976, a criação da **CVM** e com o crescimento da importância da ABAMEC, hoje APIMEC.

O número e a qualidade dos novos analistas de mercado, profissionais voltados para o acompanhamento do desempenho das empresas de capital aberto e de suas demandas, se ampliou. E esses novos profissionais começaram a pressionar as empresas cada vez mais por maiores níveis de transparência, por mais informações relevantes e por uma maior qualidade destas. Hoje, os profissionais típicos do mercado de capitais são pessoas formadas em administração de empresas, economia, ciências contábeis, engenharia ou direito, que trabalham em instituições financeiras, tais como bancos de investimento, corretoras de valores, empresas de *asset management* e de *wealth management*, seguradoras, fundos de pensão e empresas de consultoria.

34 INTRODUÇÃO A RELAÇÕES COM INVESTIDORES

Na década de 1970, o mercado de ações permanecia pequeno e muito associado a incentivos fiscais e a outras medidas de incentivo a aberturas de capital. Na década seguinte, os fundos de pensão começaram a se desenvolver e a crescer. Em 1986, após o Plano Cruzado, verificou-se muitos lançamentos primários de ações na Bovespa. Mas essas novas empresas listadas ainda não estavam, sob a ótica da transparência, de fato preparadas para atuarem de maneira totalmente adequada no mercado. Registraram-se então, alguns problemas mais graves. Em especial, o "escândalo do investidor Naji Nahas", na Bolsa do Rio de Janeiro (BVRJ), em 1989, a partir do qual aquela bolsa nunca mais recuperou totalmente a sua credibilidade, tendo sido fechada em 2000. A partir de então, a principal bolsa brasileira passou a ser a Bovespa, hoje B3.

Na década de 1990, dois fatores importantes contribuíram para o crescimento do mercado brasileiro. Um deles foi o *início do programa de privatizações*. O outro foi a inflação alta, que apesar de todos os problemas que trazia, levou ao desenvolvimento de balanços complexos em correção monetária, mais transparentes. A partir daí, tudo muda e se acelera quando companhias brasileiras descobrem o caminho para acessar o mercado internacional, em especial o norte-americano e os investidores estrangeiros.

Com as primeiras listagens de papéis brasileiros na Bolsa de Nova York (NYSE), em 1992, trilha inaugurada pela Aracruz Celulose S.A., surgiu a necessidade de se relacionar com os investidores estrangeiros de maneira profissional, sistemática e mais transparente, competindo com companhias norte-americanas ou internacionais listadas na NYSE, que já dominavam há tempos tal expertise.

Aprender rápido não era só condição para o sucesso, era também uma questão de natureza jurídica, naquele ambiente sofisticado e exigente. Os analistas do *Sell Side* e do *Buy Side* globais passaram a ser também nossos interlocutores, exigindo um fluxo contínuo, detalhado e consistente de informações sobre as empresas recém-admitidas naquele "Clube Mundial", com sede em Wall Street.

Convidado para trabalhar na Aracruz, com a missão de organizar a primeira área de RI do Brasil voltada aos analistas e investidores locais e internacionais, comecei fazendo um treinamento no NIRI para dominar os fundamentos da especialidade. De lá para cá, algumas dezenas de empresas brasileiras já foram listadas em Nova York. O contato com um ambiente bem mais avançado em termos de "Investor Relations" e com investidores estrangeiros influenciou e modificou o mercado brasileiro. Tanto, que o NIRI inspirou a criação do IBRI (Instituto Brasileiro de Relações com Investidores). O instituto surgiu por iniciativa de um grupo de profissionais do qual fiz parte no Rio de Janeiro, convocados e estimulados por Ronaldo A. F. Nogueira, então à frente da Editora IMF e falecido recentemente, infelizmente. Ronaldo Nogueira foi um dos pilares mais relevantes para o desenvolvimento do nosso mercado de capitais.

A fundação do IBRI, em junho de 1997, foi um marco muito importante para a atividade de RI e para a sua comunidade de executivos. O instituto atraiu um número amplo e crescente de profissionais de RI de todas as regiões do país para suas fileiras. O IBRI tem hoje aproximadamente 350 associados. Muitos deles passaram a atuar na sua Diretoria Executiva ou no seu Conselho de Administração, com resultados muito positivos, até aqui. O IBRI tem como missão principal contribuir para a valorização e o desenvolvimento dos profissionais de RI. Suas atividades são voltadas inicialmente para a formação profissional, para a valorização e o fortalecimento da função e da área de Relações com Investidores.

O IBRI estabeleceu uma série de importantes parcerias e convênios com as principais entidades e instituições do mercado de capitais, como a CVM, a B3, entre outras. Uma de suas realizações mais importantes foi o desenvolvimento do curso de MBA de Finanças, Comunicação e Relações com Investidores, organizado desde 2001 pela FIPECAFI (Fundação Instituto de Pesquisas Contábeis, Atuariais e Financeiras), em convênio com o Instituto.

O IBRI e a Apimec coordenaram o **CODIM**, Comitê de Orientação para Divulgação de Informações ao Mercado, criado em 2005 e do qual participaram outras doze entidades do mercado. O CODIM foi um órgão suprainstitucional que objetivou disseminar as melhores práticas de divulgação de informações pelas empresas. Em outubro de 2020, o IBRI comunicou o encerramento dos seus trabalhos, uma vez que o objetivo traçado inicialmente para o comitê foi integralmente cumprido, após a produção e a divulgação de 26 comunicados.

O período de quinze anos anteriores à grande crise de 2008 foi de muitas mudanças e de melhorias crescentes para o mercado de capitais do nosso país. O número de acionistas individuais se ampliou significativamente e houve avanços qualitativos, como o desenvolvimento do Novo Mercado pela B3; melhorias nas práticas de Governança Corporativa de muitas empresas de capital aberto; o início da valorização de critérios de sustentabilidade etc.

Como consequência, o mercado financeiro no Brasil se fortaleceu e ganhou mais importância como instituição.

O ano de 2007 registrou, no Brasil, um número recorde de 67 companhias realizando IPO's, que se capitalizaram em R$115 bilhões. O valor de mercado das empresas cotadas em Bolsa atingiu então 97% do PIB. Em 2008, com a grave crise mundial, o número de Ofertas Públicas iniciais caiu para apenas quatro. Em 2009, foram seis. Tanto em 2010 quanto em 2011, tivemos onze listagens iniciais. Em 2014, registramos apenas uma Oferta Pública de ações nos primeiros três trimestres: a Oi ofertou R$15 bilhões, em operação associada à sua fusão com a Portugal Telecom.

Após 2008, os impactos negativos foram se acentuando. O número de investidores individuais começou a decrescer e algumas empresas chegaram a fechar seu capital, deixando a Bolsa. O Brasil encerrou o ano de 2013 com um PIB de cerca de US$2,2 trilhões, na sétima posição mundial. Continuamos a viver, portanto, um sério contraste entre o tamanho da nossa economia e o porte do nosso mercado de capitais. Apesar de termos uma das Bolsas mais modernas e confiáveis do mundo, o número de empresas brasileiras listadas ainda é baixo, até hoje.

Cinco anos depois, em 2018, ocorreram apenas três IPO's na B3, no montante de R$3,4 bilhões. Ao final do ano havia 341 companhias com ações negociadas, mesmo número de 2006, antes, portanto, do "boom" de abertura de capital ocorrido em 2007. Em números aproximados, entre os países emergentes e ao final de 2018, a B3 estava atrás das Bolsas da Índia (5.700 empresas listadas), da Coreia do Sul (2 mil), Hong Kong (1.800), China-Shenzen (1.400) e China-Shanghai (900) e do México (450).

Em 2008, tínhamos 536 mil investidores individuais e em dezembro de 2018 eram 813 mil. Recentemente, em agosto de 2020, o número de nossos investidores individuais (pessoas físicas) atingiu a marca de **3 milhões de brasileiros**. É uma marca importante, mas, mundialmente ainda modesta. Esse número significa menos de 1,5% da população brasileira. Nos Estados Unidos, cerca de 50% da população investe em renda variável. Na Europa e na Ásia, esse percentual oscila entre 20% e 30%, dependendo do país. E, infelizmente, este número pode, eventualmente, voltar a decrescer, em função da crise da Covid-19, ora se iniciando.

Em julho de 2014, visando atrair investidores para a Bolsa, o governo brasileiro anunciou uma Medida Provisória que foi convertida na Lei 13.043. Ela isenta de imposto de renda, até 31 de dezembro de 2023, o ganho de capital de pessoa física na venda de ações que tenham sido emitidas por companhias *de pequeno e médio porte* e que atendam a certos pré-requisitos.

Mais recentemente, já no Governo Bolsonaro e com o mesmo objetivo, foi editada uma Medida Provisória que introduziu um artigo na Lei das S.A que permitiu à CVM dispensar algumas exigências previstas na Lei das S.A. para companhias de pequeno e médio porte, facilitando o seu acesso ao mercado de capitais.

A CVM editou em 2017, por exemplo, a Instrução **CVM nº 588**, que abriu a possibilidade de Ofertas Públicas de distribuição de valores mobiliários por meio de "plataforma eletrônica de investimento participativo" (*Crowdfunding*). A nova instrução permite que empresas com receita anual de até R$10 milhões realizem ofertas por meio de financiamento coletivo na internet com dispensa automática de registro de oferta e de emissor na CVM. Para proteger os investidores, uma das condições é que esse tipo de oferta somente ocorra por meio de plataformas que têm que passar por um processo de autorização pela Comissão.

São alguns passos na direção certa. O mercado de ações é a alternativa mais barata de capitalização para o crescimento das empresas. No Brasil, estima-se em mais de 30 mil o número de empresas médias que se enquadrariam nos requisitos da lei e da medida provisória acima citadas. Espera-se ainda uma simplificação também da regulamentação da CVM, que reduza os custos das listagens para as pequenas e médias empresas.

Com um número recorde de investidores e considerando o volume de operações de aberturas de capital, mesmo sofrendo uma pandemia global, 2020 foi um ano histórico para a bolsa de valores brasileira, B3. Ao longo do ano, 27 empresas realizaram suas IPO's de ações, e captaram com elas cerca de R$45 bilhões. Esses números só ficaram abaixo dos resultados registrados em 2007, como já mencionado.

O recorde das capitalizações, historicamente, é o da Petrobras, que captou R$120,4 bilhões em 2010, associado então ao anúncio da exploração da camada do pré-sal. Naquele ano, sem considerar essa grande captação isolada, o volume de ofertas somou R$29 bilhões.

O ambiente no Brasil de taxas de juros, as mais baixas da história, tem motivado os investidores individuais em busca de retornos maiores para os seus investimentos, a aceitar assumir os riscos mais elevados das aplicações em ações do que em papéis de renda fixa. O resultado desse movimento também aumentou o volume financeiro diário médio movimentado na B3, que subiu quase 300%, nos últimos cinco anos.

Mas, além disso, que o ponto-chave é mesmo o relacionamento pessoal, dedicado, contínuo, profissional, ético, de respeito mútuo — com o mercado e seus representantes.

A IMPORTÂNCIA ESTRATÉGICA DE RI

Ao longo dos anos, a atividade de RI ganhou maior relevância e maior reconhecimento como atividade estratégica das companhias de capital aberto, passando a concentrar as ações e responsabilidades voltadas para a comunicação eficaz e o adequado relacionamento com o mercado de capitais, focado na geração de valor. De 2008 para cá, o seu papel é reconhecido como ainda mais relevante, em relação à reputação da companhia, a atuação de seus diretores, de sua governança, de suas responsabilidades socioambientais, da sua estratégia e investimentos de longo prazo; e, principalmente, para a manutenção dos atuais investidores e para a atração de novos e adequados acionistas. O trabalho de RI mudou de perfil e deve estar presente na alta administração das companhias abertas brasileiras.

ATRIBUIÇÕES GERAIS MAIS IMPORTANTES DE RI[1]

- Atuação como porta-voz da companhia na comunicação com o mercado e com a mídia especializada;
- Relacionamento com os órgãos reguladores, entidades e instituições do mercado de capitais, Bolsas de Valores e mercados de balcão;
- Ampliação e adequação da base acionária;
- Avaliação contínua das respostas do mercado à atuação da companhia e promoção de reflexão interna com outras áreas da empresa;
- Atualização da administração da companhia (Conselho, Comitês, Diretoria) quanto à visão do mercado sobre a empresa e o setor onde atua;
- Contribuição para definir a estratégia corporativa e ideias que agreguem valor;
- Desenvolvimento da cultura de companhia aberta, para o público interno;
- Integração do programa de comunicações entre as diversas áreas da empresa;
- Planejamento e execução da divulgação de informações obrigatórias e voluntárias;
- Acompanhamento das avaliações/análises feitas sobre a companhia, bem como das condições de negociação dos valores mobiliários da empresa;
- Coordenação e acompanhamento dos serviços aos acionistas e respectivas assembleias;
- Apresentações, reuniões públicas e individuais com analistas de investimento, acionistas e investidores potenciais.

---

1 *Guia de RI — BM&F Bovespa/IBRI*

O objetivo central do RI é buscar o "justo Valor de Mercado" para a sua empresa e reduzir os seus custos de capital. Como gestores de RI, o trabalho é alcançar esse objetivo através do fornecimento de um amplo e adequado conjunto de informações de qualidade aos investidores atuais e potenciais, e que retrate o seu desempenho da forma mais acurada possível. Esse leque de informações precisa contemplar, entre outros, dados precisos, consistentes e sempre atualizados sobre a empresa, seus ativos e valores intangíveis, a experiência profissional de sua equipe de administradores, bem como as reais perspectivas de crescimento dos seus negócios.

O profissional mais avançado ou "estratégico" de RI deve buscar ainda **atuar nos dois sentidos**: levar essas informações da companhia para seu público-alvo, assim como **trazer para a empresa o feedback do mercado**. Ou seja, as críticas, as demandas e, muito importante, as informações de grande interesse para a companhia. Esse trabalho resulta no aperfeiçoamento interno através do melhor entendimento das solicitações do próprio mercado, além de municiar a alta administração com dados sobre a concorrência, sobre o setor de atuação da empresa etc.

O RI é bem mais do que um mero "repassador oficial de informações" dos relatórios contábeis. Seu trabalho vai muito além de levar o seu interlocutor a "entender o balanço da companhia". Dependendo de sua atuação, ele pode — e deve — diferenciar a sua empresa das outras do mesmo setor, enfatizar as suas vantagens competitivas e diretrizes estratégicas, indicar onde se pretende chegar, como pretende contribuir para a sociedade, justificar seus investimentos, explicar as fontes dos recursos e revelar suas expectativas. Portanto, o RI precisa dominar muito bem praticamente todos os aspectos do seu setor e do seu negócio e não somente o financeiro, como também a produção, distribuição, exportação, mercados, legislação, tecnologia, para citar alguns.

Não é difícil imaginar o volume e a importância estratégica das informações que um RI colhe ao conversar e ouvir as opiniões de analistas de mercado do Sell Side, do Buy Side, do mercado secundário de dívida e outros, que *falam também com as demais empresas do seu setor*. Essa interação permanente entre o RI e os analistas e investidores (em geral, com grandes conhecimentos técnicos e financeiros sobre o setor em que a empresa atua) é também uma valiosa oportunidade estratégica para a captura de informações externas sobre a companhia, tais como:

a qualidade e a transparência dos dados divulgados; críticas à estratégia empresarial e aos investimentos em andamento ou futuros; comentários em relação às práticas de Governança Corporativa; reações dos seus minoritários; informações sobre a concorrência e sobre o seu setor; informações mercadológicas; notícias quase imediatas sobre novas fusões e aquisições, sobre oportunidades de investimento e de crescimento, entre muitas outras.

Adicionalmente, o RI pode contribuir também com o planejamento estratégico da companhia, já que é bem ampla a quantidade de dados importantes que o RI obtém em conferências e apresentações dos maiores especialistas do seu setor de negócio; das próprias *empresas concorrentes* ou de segmentos congêneres. Essas informações podem ajudar os gestores da companhia a elaborar novos cenários, a melhor entender as reações do mercado e a, eventualmente, até mesmo repensar o seu planejamento de curto ou de longo prazo.

Para exercer suas atividades com excelência, o profissional de RI precisa saber lidar bem com os desafios que surgem no cotidiano de seu trabalho. Muitas vezes, esses desafios ultrapassam o universo financeiro e alcançam questões de marketing, relações-públicas e comunicação corporativa. O RI enfrenta muitas demandas, crises também, e a sua vida profissional não é sempre tranquila.

Com frequência, tem uma convivência *delicada* na própria empresa na qual trabalha, porque pode despertar eventuais "ciúmes corporativos". Ele tem acesso ao "último andar", ao "C-level": ao presidente, aos demais diretores-executivos e a membros do Conselho de Administração. Viaja muito pelo Brasil e pelo exterior, participa de conferências e eventos sofisticados. Isso tudo pode parecer "privilégios" da área em relação às demais e causar problemas ao seu desempenho, *uma vez que o RI depende de informações de todas as áreas da empresa.*

O "RI ESTRATÉGICO"

Um bom RI precisa ter, portanto, grande habilidade de relacionamento interpessoal e de comunicação para lidar com reações das mais diversas. *Informação é poder e algumas pessoas podem ser bastante reticentes em dividi-la.* Informação é a matéria-prima do RI. Para que o mercado o respeite, ele precisa ser visto como um *especialista na sua empresa,* valorizado internamente. E, ao ser aceito pelo mercado de capitais, ganha credibilidade — fator essencial para o seu próprio sucesso profissional.

Ele terá alcançado o mais elevado nível de credibilidade nos dois mundos pelos quais transita (na sua empresa e no mercado), na medida em que for percebido como alguém respeitado internamente na sua empresa, com acesso a informações de qualidade da alta administração, assim como por sua excelência profissional e por repassá-las de maneira responsável, equânime, tempestiva e ética ao mercado.

E assim, tudo funciona como um *mecanismo interno que se retroalimenta*: o RI precisa de informações de todas as áreas da companhia e, em especial, da alta administração. Que, por sua vez, pode ter neste profissional uma chave, um acesso diferenciado ao mercado de capitais e com uma capacidade eficiente de disseminar e captar informações de seu interesse.

Ou seja: o RI é um "personagem da companhia" a quem o Conselho de Administração, por exemplo, pode (e deve) colocar questões como: de que forma o mercado de capitais vai reagir se comprarmos a empresa A ou se fecharmos a unidade B? O que acontece com as ações, com a percepção dos investidores sobre o nosso negócio e com o valor da companhia?

Afinal, o mercado de capitais é o termômetro mais eficiente para a avaliação do desempenho e das iniciativas das companhias abertas. Sem dúvida, *a leitura de suas reações e o acolhimento prévio das opiniões de seus principais atores* pode ajudar, de forma decisiva, a antecipar comportamentos e movimentos que venham a afetar o valor de mercado de uma companhia inteira.

CARACTERÍSTICAS PROFISSIONAIS IMPORTANTES

O RI é uma pessoa que conversa muito, ouve muito e faz muitas apresentações em público. Fluência em línguas estrangeiras, inclusive na escrita, é fundamental. Por participar com frequência de diversos tipos de eventos e encontros profissionais — dos mais sofisticados aos mais simples — uma bagagem cultural de peso é mais do que recomendável.

Capacidade de persuasão, de venda, credibilidade e bom senso, além de confiança própria, alinhamento com a filosofia da empresa e personalidade forte ajudam na receita do profissional de sucesso. Muitas vezes o RI se encontra em situações de pressão e risco, enfrentando *perguntas difíceis* ou *sensíveis* dos analistas e "longe da sua base". Precisa ter segurança para resistir e reagir, sem jamais perder a calma e a fleuma. Parece difícil, mas o desafio fica mais fácil de vencer com o domínio, o maior possível, do seu "assunto".

Aqui, vamos *traduzir o assunto* por um conhecimento amplo não só do seu negócio específico, como também do setor no qual a sua empresa atua e do que está se passando no seu segmento, globalmente. O RI que deseja ser um profissional bem-sucedido, um "RI estratégico", terá que se manter sempre atualizado, estudar continuadamente e se informar sempre.

É a sua capacitação que fará a diferença tanto para a sua carreira individual quanto para gerar mais valor para a companhia. Ou seja, é preciso esforço e comprometimento. O RI terá de se atualizar todos os dias sobre *o que está acontecendo* na companhia, no seu setor, no seu país e no mundo. As exigências são muitas; a começar pelo *desejo espontâneo de conhecimento e a curiosidade permanente*.

CONSIDERAÇÕES ADICIONAIS SOBRE O PAPEL DO RI:

Externamente também, o processo de Relações com Investidores estabelece uma segunda "via de mão dupla": o mercado de capitais fornece recursos para o crescimento das empresas — via equity ou via empréstimos — e estas, por sua vez, fornecem ao mercado, em troca e continuamente, uma gama ampla de informações; das quais uma parte é obrigatória e prevista em leis, e outra parte é espontânea e *diferenciadora* das "melhores companhias", aquelas mais transparentes.

O motivador para a realização de investimentos é sempre a possibilidade da geração de riqueza, da valorização crescente e ao longo do tempo dos capitais empregados ou investidos, seja por uma companhia, instituição ou pessoa física.

O maior desafio para os envolvidos é o de se tentar — a maior parte do tempo — prever o futuro. E para suprir essa necessidade e tentar viabilizar da melhor maneira possível este difícil objetivo que cabe ao profissional de RI prover analistas e investidores de informações que os auxiliem nessa complexa e difícil tarefa. O RI deve ajudá-los ainda a entender corretamente a estratégia de crescimento da companhia, seus planos de investimento e, consequentemente, a valorizá-la, hoje, da maneira mais justa e adequada possível. O que se procura fazer através do disclosure de informações "de qualidade", divulgadas adequada e devidamente explicadas pelas áreas de RI das companhias; informações que permitam, inclusive, o desenvolvimento de modelos matemáticos bastante precisos sobre o desempenho e resultados futuros da empresa.

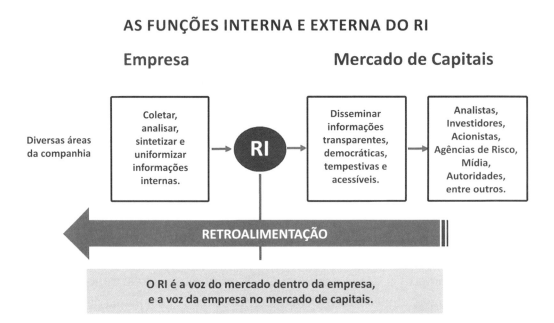

3

O DEPARTAMENTO DE RI E OS SEUS PÚBLICOS

Na montagem de uma nova área de RI é necessário considerar o tamanho da organização, o porte da companhia e o nível de complexidade de suas operações. A empresa deverá contar, obrigatoriamente, com um *Diretor de RI estatutário*, que será o responsável perante os órgãos oficiais e reguladores. A estrutura da área se complementa fundamentalmente através das posições de Gerente de RI e de Analistas de RI.

No caso de uma companhia de grande porte, pode haver também superintendentes, coordenadores, especialistas, trainees e estagiários. É frequente a contratação de um "advisor" ou de uma **Consultoria de RI** externa para dar apoio operacional à área. Para demandas mais sofisticadas é válida também a análise da contratação de *consultores seniores*, mais voltados, entre outros, para aspectos de estratégia e de "Inteligência de Mercado".

O RI é a pessoa que cuida, dentro da empresa, juntamente com a Controladoria, da coleta, uniformização e sistematização das informações corporativas para o mercado. Inicialmente, daquelas que, por definição legal, têm a sua divulgação obrigatória. O diferencial de uma área de RI proativa em relação às informações relevantes a serem divulgadas e em comparação a uma área *apenas reativa é entender quais as reais necessidades dos analistas* e complementar as informações obrigatórias e essenciais, espontaneamente, com outras, não obrigatórias, mas igualmente importantes, para melhor atender ao mercado:

> *"Como num programa de marketing, a comunidade de investidores é o "Mercado dos RI" e é fundamental que suas demandas sejam corretamente identificadas a cada momento. Esse é um público que não gosta de surpresas — boas ou más — e, quando*

surpreendido, considera não ter sido bem informado pela empresa."
(Guia de RI — BM&FBovespa/IBRI)

Cabe, portanto, ao RI fazer um trabalho complementar ao dos contadores e auditores buscando informações *adicionais*, úteis, relevantes *e de qualidade*, a serem divulgadas. Ampliando, assim, o nível de transparência de sua empresa, sua posição e imagem para o mercado e o *melhor entendimento da estratégia da companhia*, diferenciando-a das demais e, em especial, das suas concorrentes do mesmo setor.

A divulgação de um conjunto de informações adicionais relevantes e espontâneas da empresa, além das obrigatórias e regulamentadas, facilitará *o mais completo entendimento* sobre suas vantagens competitivas, estratégia de longo prazo, práticas de Governança Corporativa; sua atenção para com os stakeholders (empregados, minoritários, clientes, fornecedores etc.), suas responsabilidades socioambientais e de sustentabilidade.

O departamento de RI deve buscar aperfeiçoar o seu relacionamento com todas as áreas-chave da companhia e circular frequentemente por elas a fim de se atualizar constantemente e ter acesso efetivo a tudo o que acontece em relação a desenvolvimentos tecnológicos, operações financeiras, avanços ou entraves mercadológicos, questões jurídicas e fiscais. Essa capacidade de interação com o conjunto da empresa é fundamental para o relacionamento bem-sucedido com o mercado de capitais.

Há quatro audiências e interlocutores específicos que são os mais importantes para o trabalho do RI. O mercado os denomina de **Buy Side** (grandes investidores institucionais), **Sell Side** (bancos de investimento e corretoras), os **Investidores Individuais** e os **Analistas de Dívida**. O RI deve ter a preocupação contínua de uma vez de posse de informações reconhecidamente importantes, analisadas e sintetizadas, encontrar o melhor método para que elas sejam divulgadas e disseminadas de maneira tempestiva, homogênea e adequada aos seus diferentes públicos.

Isso quer dizer que todos receberão as informações, de maneira consistente, na mesma hora, sem privilégios para este ou aquele grupo. É preciso ter em mente, por exemplo, que grandes ou pequenos investidores, controladores ou minoritários e acionistas individuais *não podem ser discriminados por serem pequenos ou beneficiados por serem grandes ou poderosos*. E se a empresa está listada fora do Brasil, é importante lembrar até mesmo das diferenças nos fusos horários, levando em conta as necessidades dos investidores e analistas estrangeiros.

O SELL SIDE

O analista do Sell Side trabalha para um banco ou corretora de valores. Simplificando, o trabalho de um analista de pesquisa (Research Analyst) do lado Sell Side é *seguir uma lista de empresas*, todas tipicamente do mesmo setor ou congêneres e fornecer relatórios regulares de recomendação de compra, manutenção ou venda de suas ações aos clientes do seu banco ou corretora.

Como parte importante desse processo, os analistas do Sell Side pesquisam detalhadamente o desempenho de diferentes empresas (em geral, separadas por setores de atuação, localização geográfica etc.), *desenvolvem modelos matemáticos* para projetar os seus resultados financeiros, seu valor de mercado e consequentemente o preço de suas ações, além de falar com os clientes, fornecedores, concorrentes e outras fontes com conhecimento sobre os seus segmentos.

As ações podem se mover para baixo, no curto prazo, com base numa atualização e rebaixamento de analistas, ou para cima, se elas superaram suas expectativas, durante a temporada de divulgação de resultados, por exemplo. Normalmente, se uma empresa superar a **estimativa de consenso** entre os seus vários analistas, o preço das suas ações aumentará, enquanto o oposto poderá ocorrer se uma empresa ficar abaixo dessa estimativa.

Na prática, o objetivo central do trabalho de um analista do Sell Side *é convencer os Investidores Institucionais do Buy Side a direcionar suas negociações através da mesa de operações do seu banco*. Para capturar a receita comercial, o analista deve ser visto pelo Buy Side como *fornecendo serviços valiosos*. Algumas informações são claramente valiosas, e alguns analistas constantemente buscam novas informações ou ângulos novos sobre o setor. E, há uma certa "pressão" para ser *o primeiro* a chegar ao cliente com informações "novas e diferenciadas".

A mesa de negociações do banco ou da corretora do analista do Sell Side recebe então as ordens de negociação do Buy Side e as executa. Em geral, isso é feito dividindo-se grandes ordens de compra ou de venda em lotes menores e enviadas às bolsas — direta ou indiretamente. O Sell Side é, portanto, *um intermediário*, cuja tarefa principal é a de vender títulos (em especial, ações) para os Investidores Institucionais, tais como fundos de investimento, fundos de pensão, fundos mútuos, fundos multimercados, wealth managers etc., que, normalmente, realizam operações de maior vulto.

Depois do lançamento inicial das ações no mercado e capitais (IPO) e a captação de recursos diretamente para a empresa ou para seus controladores, as ações obviamente continuam a existir e a "viver" no que chamamos de "mercado secundário". Ou seja: as ações seguem a sua "carreira" nas mãos de um investidor que pode vendê-las para um terceiro, que as vende para um quarto e assim por diante.

O Valor de Mercado da companhia é obtido pelo *produto do valor unitário de suas ações e o volume total de ações existentes*. O objetivo da área de RI deve ser sempre o de aproximar o preço das ações do seu "valor justo". Ou seja, buscando a adequação do valor praticado pelo mercado ao valor *internamente* percebido por sua administração e controladores como o seu valor justo.

O Sell Side ajuda a companhia a precificar corretamente seus papéis no mercado de capitais. Seja nos IPO's, seja no mercado secundário. Seus analistas são importantes *agentes de informação* da companhia, atuando como multiplicadores de sua mensagem corporativa e de sua comunicação financeira. O RI deve perceber os analistas do Sell Side como aliados e verdadeiros "*merchandisers*" do seu negócio.

Como são parte integrante do mercado e isentos em suas opiniões, esses analistas se constituem num canal de informações *do mercado para o próprio mercado* (com opiniões independentes e credibilidade) e que se abastece de dados na própria empresa — de preferência por intermédio de sua área de RI. Por fim, devemos lembrar sempre que o mercado tende a *valorizar mais e a investir mais* nas empresas mais transparentes, mais confiáveis e mais facilmente acessíveis.

Além do apoio na precificação correta dos papéis da companhia, o Sell Side é ainda um importante agente de fomento da **liquidez dos papéis**, estimulando a compra e a venda das ações. Os relatórios do Sell Side, em geral, sequenciais e comparativos a relatórios sobre o desempenho em períodos anteriores (na sua maioria, trimestrais), são acompanhados, como citado, de suas *recomendações* (de *compra, de manutenção ou de venda*) e possuem forte influência sobre a movimentação e a liquidez dos papéis.

Assim, uma parte substancial da estratégia de RI deve se concentrar na *identificação dos analistas do Sell Side mais importantes para a empresa*. Deve-se buscar levantar quais os analistas que cobrem o setor e que acompanham as empresas concorrentes no país, na mesma região de atuação ou mesmo, globalmente.

Para que essa sistemática, esse "mecanismo externo", realmente funcione, é preciso que a área de RI se familiarize com as informações *normalmente requeridas* pelos analistas e até mesmo *preveja* quais são as suas necessidades *lógicas* de inputs, para que possam gerar seus acurados e sofisticados modelos matemáticos e financeiros. Os quais, com frequência, surpreendem os RI's por sua acuidade. Especialmente, num cenário macroeconômico de regularidade.

Nesse sentido, creio que uma iniciativa valiosa para as áreas de RI é a de desenvolverem internamente seus próprios modelos matemáticos de *valuation*. Dessa forma, o profissional de RI e sua equipe *se colocam na posição dos analistas* que cobrem a empresa e percebem, *na prática*, onde estariam as dificuldades para se chegar, o mais próximo possível, dos seus resultados futuros, a cada trimestre. E, onde estariam eventuais falhas ou "gaps" de informação. É recomendável que esse trabalho seja realizado em parceria com as áreas de controladoria/contabilidade, planejamento financeiro e planejamento estratégico da companhia.

Mais recentemente, como resultado de novas regulamentações da União Europeia de proteção aos investidores através da diretriz MiFID II (Markets in Financial Instruments Directive) de 2018, o Buy Side passou a ter de adquirir dos bancos os relatórios de pesquisa sobre empresas produzidos pelas áreas de research dos seus Sell Sides. O que tem reduzido, mais recentemente, a interação entre o Buy e o Sell Side, em especial na Europa. E, essa parece ser uma nova tendência que começa a ter efeitos também nos Estados Unidos.

O Buy Side tem se tornado, portanto, mais independente internamente no processo de decisão de seus investimentos. Ainda assim, relatórios de analistas do Sell Side (em especial aqueles reconhecidos como bons profissionais) costumam fazer parte também das análises desenvolvidas pelos colegas do Buy Side.

Em geral, gestores (*portfolio managers*) do Buy Side elegem *alguns profissionais* do Sell Side cujas opiniões e relatórios eles respeitem. Esses são os analistas de research que o RI deve buscar identificar, acompanhando a cobertura de sua empresa e procurando estabelecer com eles uma parceria nos trabalhos e um relacionamento de confiança mútua.

Os corretores de valores (*brokers*), mais voltados para os investidores pessoas físicas, também se utilizam dos relatórios e das recomendações dos colegas analistas do Sell Side em seus esforços de venda dos papéis de diferentes empresas para os clientes. Um relatório com uma recomendação de compra de um analista do Sell Side com grande credibilidade e reconhecido como um *expert* no setor daquela companhia é um importante argumento de venda para os investidores individuais clientes das corretoras, nas suas escolhas e tomadas de decisão.

O DEPARTAMENTO DE RI E OS SEUS PÚBLICOS **51**

Uma cobertura abrangente e *com acuidade* do Sell Side é também relevante porque, se o RI estiver "trabalhando bem", os modelos dos analistas *tendem a convergir no tempo*. Isso, na prática, quer dizer que a maioria deles enxergará a empresa do mesmo jeito. E esse deve ser um dos mais relevantes objetivos do RI: uma percepção *convergente* sobre o justo valor das ações, com baixa dispersão entre os preços-alvo, para que a *"estimativa de consenso" não tenha um desvio-padrão relevante*.

Por exemplo: imagine que o mercado esteja praticando um valor X para as ações da empresa, mas os analistas passem a dizer que o momento é de compra, que a companhia é uma oportunidade de investimento, pois estaria *abaixo do que "realmente vale"* em relação a seus resultados futuros estimados e trazidos a valor presente. Se essa opinião for corroborada por grande parte dos analistas que cobre a empresa, essa "onda de compra" acaba se materializando, *ajustando* o preço das ações para cima.

Na prática, um RI *não estará presente* na totalidade das reuniões da diretoria executiva ou do Conselho de Administração. E haverá momentos de decisões estratégicas nos quais não será convocado a participar. Mas, ele não deve se abater com isso. E sim, fazer com que o seu *radar de RI* capte que "algo se passou na empresa". E então buscar acesso a esse "algo" e identificar se envolve informação relevante para o mercado ou não.

Se no seu julgamento, este "algo" se mostrar relevante — **em especial sob o ponto de vista legal** ou de *compliance* —, ele deve ser um defensor interno do mercado e ser firme em sua posição, interagindo com as demais diretorias para que a informação seja divulgada tempestivamente. E, eventualmente e até mesmo, por um **Fato Relevante** a ser arquivado na CVM e divulgado ao mercado. *Isso não é, com frequência, uma tarefa simples ou fácil*, pois exige firmeza para se expor e, algumas vezes, ter que defender uma posição desafiadora ante tendências contrárias e dos níveis hierárquicos mais altos, por exemplo.

No Brasil, existe um canal útil que pode auxiliar no atendimento dos Analistas de Mercado: as reuniões da atual APIMEC. O ideal é que a empresa se apresente presencialmente ao mercado a cada trimestre e que leve consigo representantes da alta administração para eventos especialmente organizados com esse objetivo.

Ao menos uma parte desses encontros pode ser realizada com o apoio ou em conjunto com as Apimec's nacional e regionais. O que já garante um bom púbico presente e de boa qualidade técnica. Se a empresa for muito grande, é indicado fazer apresentações presenciais também *fora do eixo Rio–São Paulo,* que concentra a maior parte das reuniões do gênero. Belo Horizonte e Porto Alegre são cidades com muitos investidores pessoas físicas. Brasília, por sua vez, concentra um importante número de fundos de pensão de grandes estatais.

Nesses encontros, a mídia deve ser vista como um convidado extra. Para evitar que a reunião perca o foco — *já que o interesse dos jornalistas é diferente daquele dos analistas* — a área de RI com a Comunicação Corporativa da empresa podem organizar um *encontro em separado* entre a diretoria executiva e os jornalistas, *antes* da apresentação aos analistas. Importante: a mídia deve receber as mesmas informações divulgadas para o mercado. Mas, é claro que a apresentação para os analistas será sempre mais completa e mais detalhada. Todo o material, por sua vez, já deve ter sido prévia e devidamente arquivado na CVM e assim tornado público.

A estratégia de RI não deve se concentrar só nos analistas do Sell Side. Pois estes também podem agir como um "filtro", com independência, ideias próprias e visões algumas vezes conflitantes ou mesmo *exageradamente favoráveis a empresas concorrentes.*

Alguns analistas podem desenvolver, por exemplo, preconceitos contra a administração de uma determinada empresa; ou não aceitar totalmente a sua estratégia, entre outras situações. Esses casos, além de exigirem do RI uma atenção imediata e um esforço extra na correção de visões distorcidas ou interpretações eventualmente erradas, são exemplos da necessidade de se buscar manter contato direto também com os investidores e com os analistas do Buy Side, em paralelo.

EXPECTATIVAS GERAIS DO SELL SIDE

- Atendimento tempestivo pela área de RI.
- Capacidade para discutir sobre o mercado brasileiro e internacional do seu setor.
- Compreensão dos aspectos contábeis, inclusive a base das informações contábeis e as estimativas que podem afetar a companhia (tributos, provisões, notas de balanço, ressalvas dos auditores etc.).
- Sólido conhecimento sobre a situação financeira da empresa.
- Conhecimento sobre a estrutura de capital e do perfil da dívida.
- Percepção dos fatores que afetam a geração/utilização de caixa das atividades operacionais e apuração dos dividendos.

- Conhecimento detalhado e atualizado sobre o planejamento estratégico da companhia.
- Transparência e objetividade nas respostas.
- Atitude equânime, equilibrada, combinada com respeito aos investidores.
- Atuar na viabilização de encontros com os executivos seniores, sempre que solicitados.

QUAL O TAMANHO DA COBERTURA IDEAL DO SELL SIDE?

Essa é uma resposta que vai depender da empresa, do vulto da companhia, além do número de mercados e Bolsas de Valores onde está listada. Assim como um número pequeno de analistas do Sell Side não será eficaz e deve ser expandido, é necessário evitar o exagero. Em geral, o esforço de se atender vinte ou mais analistas eficientemente exige uma equipe de RI mais numerosa e muito atualizada, tanto em relação aos seus conhecimentos de RI, como sobre o desempenho da empresa. Ou seja: há que se estabelecer um limite superior ótimo para não se ter problemas maiores do que os benefícios de uma ampla cobertura.

Se a empresa é nova, ao contrário, terá de se esforçar bastante para atrair a atenção dos analistas e ganhar a "cobertura" deles. E para conseguir isso, o RI terá de contatá-los, apresentar a sua empresa e principalmente quais os diferenciais que ela possui em relação às suas concorrentes. Entre eles seus potenciais novos mercados, planos estratégicos, investimentos de longo prazo planejados e em curso, e como pretende crescer, gerar riqueza e se perenizar.

Na prática, o que observei ao longo dos anos é que, se três ou quatro analistas é um número pequeno para uma cobertura com bons resultados, o esforço de se atender bem um conjunto acima de dez analistas cresce substancial e desproporcionalmente com cada novo profissional acrescentado à lista. Portanto, o número ideal varia de empresa para empresa.

O BUY SIDE

O analista do Buy Side trabalha para um Fundo (ou vários). O Buy Side é, antes de tudo, o público mais importante do RI. Uma parte substancial do trabalho da equipe de RI deverá ser dedicada a esse público prioritário e especial. O Buy Side é composto basicamente de investidores institucionais, ou seja, de grandes bancos e seus fundos de investimento; fundos de pensão de governos ou de empresas; assets e wealth managers; hedge funds; seguradoras etc. Alguns têm expectativas de investimento de mais longo prazo nas suas aplicações, outros de menos.

Adicionalmente, é bom lembrar que os gestores do Buy Side não fazem as suas aquisições diretamente em bolsa. O Buy Side coloca as suas ordens de compra ou de venda de ações, títulos de dívida do mercado primário ou secundário, "bonds", debêntures etc. através do Sell Side. Ele se utiliza das corretoras de valores e dos bancos de investimento para executar as suas ordens de compra e de venda.

O Buy Side, assim como o Sell Side, é formado por profissionais jovens, inteligentes e muito competentes. Esse pessoal tem a responsabilidade de tomar decisões de alocação de grandes somas de recursos. E, esses mesmos profissionais, bastante criativos e competitivos, são avaliados pelos retornos que conseguem para as suas carteiras, os quais também impactam a sua remuneração pessoal total.

O ponto em comum entre os analistas do Buy Side é que administram recursos de terceiros (cotistas, pensionistas etc.) que, em geral, são muito vultosos. Os seus fundos estarão o tempo todo sendo comparados aos fundos dos seus competidores (ou mesmo a índices de mercado) em termos de desempenho e de resultados.

Sua importância está diretamente ligada aos grandes volumes que administram. Nos Estados Unidos, a soma supera dezenas de trilhões de dólares. No Brasil, centenas de bilhões de reais.

Embora as maiores instituições tenham seus analistas alocados de maneira semelhante aos analistas do Sell Side, os analistas do Buy Side costumam ter responsabilidades de cobertura um pouco mais amplas. Não é incomum os fundos terem analistas que cobrem inteiramente, por exemplo, um determinado setor; enquanto ainda há setores do Sell Side com alguns analistas cobrindo subsetores específicos, dentro dos segmentos maiores.

Há diversas categorias e "estilos de investimento" que diferenciam os investidores institucionais. Há os investidores passivos (seus computadores e modelos "decidem" semiautomaticamente as ordens de compra e de venda, baseados em índices e premissas pré-determinadas). Há também os diferentes estilos de investidores ativos, os "long only", que se baseiam mais em análises fundamentalistas, mergulhando a fundo nas informações da companhia e do seu setor, bem como nos relatórios de análise e de recomendação dos colegas do Sell Side. E, há ainda aqueles que são "long short"; que procuram proteger os investimentos em determinados setores com outros que tenham "drivers" de valor opostos entre si.

O trabalho que apoia a tomada de decisão nos seus investimentos geralmente começa "top-down" e externamente. Com a análise da economia, do setor da empresa e com a avaliação dos seus números, margens e resultados, de suas receitas ao lucro líquido. Os investidores também se dividem ainda por diferentes estilos de abordagem. Nos Estados Unidos, por exemplo, há alguns estilos mais conhecidos e com denominações próprias, tais como: "crescimento", "valor", "momento" e suas combinações. Os estilos mais ou menos adotados variam com o tempo e com as tendências do mercado.

Seu desafio é o de tentar antecipar os movimentos nos preços das ações. O que é sempre bastante difícil e frequentemente desapontador. Seu trabalho se realiza num ambiente de grande tensão, no qual minutos de diferença contam e onde o maior risco, sempre presente, é o de perder o dinheiro de seus clientes. Perdas constantes levam à perda da confiança e de credibilidade. O que pode deflagrar resgates muito grandes e, no limite, a quebra de instituições; estas, normalmente de alavancadas a muito alavancadas. As responsabilidades em jogo, portanto, são simplesmente muito grandes para não serem levadas em conta.

Ou seja: os investidores institucionais também necessitam, continuamente, de um fluxo de informações *de qualidade, o mais abrangente possível*, sobre a companhia. Tal fluxo precisa lhes fornecer os dados utilizados nos seus *modelos matemáticos*, assim como para o Sell Side, bem como para suas análises decisórias, associadas às diferentes estratégias de investimento — ou desinvestimento — sejam de curto, médio ou longo prazo.

Essa necessidade de informações torna os analistas do Buy Side tão ou mais detalhistas e específicos sobre a empresa que estão avaliando. Eles são, com frequência, *mais inquisitivos* sobre uma *determinada* empresa na qual estejam interessados do que os analistas do Sell Side.

Os quais, por sua vez, tendem a conhecer melhor *os setores por inteiro*. E serão mais inquisitivos ainda, se este ou aquele fundo do seu banco tiver uma participação direta minoritária ou no controle e no Conselho de Administração da empresa em questão.

Assim, também costumam demandar algumas oportunidades de encontros com o C-Level da companhia. Uma forma de se aproximar e de se trabalhar proativamente com os analistas do Buy Side, principalmente se já são investidores na sua empresa, é atendê-los na *organização desses encontros*. O RI funciona, neste caso, como *o interlocutor e facilitador dessas reuniões*.

Mas, cuidado. É bom ter um plano B, caso a reunião com o presidente seja desmarcada em cima da hora. O que é frequente. O essencial aqui é o RI deixar claro ao analista do lado investidor que está se esforçando para ajudá-lo a obter as informações e os encontros de que necessita para compreender melhor a companhia. E lhe oferecer uma reunião alternativa, de preferência com outros diretores-executivos também com grande conhecimento sobre a empresa e devidamente preparados para reuniões "one-on-one" com o Buy Side; sabendo o que pode ou não ser dito ou comentado.

Em contraste com a posição do analista do Sell Side, o trabalho de um analista do Buy Side é bem mais sobre ***estar certo***. É crucial beneficiar o seu fundo com oportunidades de elevado retorno ***assim como evitar grandes erros***. De fato, *evitar o negativo* geralmente é uma parte importante do trabalho dos analistas do Buy Side. E, muitos incluem no seu trabalho de análise "*a busca do que pode dar errado*" numa empresa investida. Essa é uma razão adicional para serem *bastante inquisitivos*.

Como já foi dito, o RI precisa conhecer bem a sua *Base de Investidores* e se atualizar sobre quais são os maiores entre eles e quais são as suas posições acionárias na companhia. Em especial, quais são os "*big movers*" dos seus papéis. Esse levantamento não é para privilegiá-los, mas para estabelecer uma estratégia de atuação mais inteligente e mais focada.

Se o RI identificar, por exemplo, que um grande um investidor institucional deixou a sua *base de investidores*, é bom adotar uma postura proativa, procurá-lo e tentar *entender o que o levou a tomar a decisão de desinvestir*, de deixar a posição na empresa. Mesmo que isso não reverta o quadro de imediato, pode ser que da próxima vez, antes de tomar tal decisão, o investidor *procure* o RI. E essa iniciativa poderá, eventualmente e até mesmo, mudar a percepção do acionista. Com alguma frequência, uma informação ou interpretação errada pode ser corrigida.

Em geral, o Buy Side institucional é o grande **motor do valor** das ações da empresa, pois adquire ou vende **grandes volumes de papéis**. Assim, **a atração de um novo e importante investidor institucional** para os papéis da companhia pode **provocar uma subida** no seu Valor de Mercado. Da mesma forma, **a sua saída** da base de acionistas **pode ocasionar quedas** significativas.

Daí a importância do desenvolvimento de estratégias de **targeting** para a identificação de **novos investidores institucionais** para a companhia. Essa, por sinal, é uma das funções estratégicas importantes das áreas de Relações com Investidores mais avançadas.

O *TARGETING*: A PESQUISA DOS INVESTIDORES IDEAIS

O *targeting* é um componente importante da estratégia de RI voltada para o Buy Side. Trata-se de um levantamento cujo objetivo é o de identificar quais seriam e onde se encontram os investidores importantes, institucionais e de longo prazo que investem no segmento da empresa, *mas que ainda não são seus investidores*. E que, portanto, interessaria muito à empresa atraí-los para a sua Base de Acionistas.

No Brasil, essa identificação é mais simples, devido ao tamanho menor do mercado. Além disso, o **banco escriturário e custodiante** das ações da companhia pode informar com precisão e fornecer listagens atualizadas, até mesmo diariamente, da quase totalidade da base recente dos investidores de uma mesma companhia e de suas posições naquele momento.

Já no exterior, em especial nos Estados Unidos, isso é mais difícil. Essa informação não é tão transparente nem facilmente disponível naquele mercado. Lá, somente investidores com carteiras superiores a US$100 milhões têm a obrigação de divulgar *trimestralmente* para a *Securities Exchange Commission* (SEC), a CVM americana, relatórios (Formulários 13-F) em até 45 dias após o encerramento do trimestre, e informar quais as posições que detêm ou detinham em ações, até pouco tempo atrás. E, já haveria um projeto em andamento na SEC para ampliar substancialmente o teto mencionado.

Nos Estados Unidos, entretanto, além dos serviços de informação Bloomberg e Reuters, por exemplo, com terminais de dados online muito sofisticados, há consultorias especializadas que trabalham com softwares e pesquisas sofisticadas nos brokers e que realizam levantamentos das informações mais atuais possíveis sobre a Base de Acionistas da companhia. Esses dados também podem, por sua vez, ser obtidos, ao menos parcialmente, **através dos bancos depositários dos ADR's**, se a empresa for listada lá fora.

OS VINTE MAIORES FUNDOS DE INVESTIMENTO DO MUNDO

(E OS VALORES APROXIMADOS SOB A SUA ADMINISTRAÇÃO EM DÓLARES.)

	NOME DO FUNDO	TOTAL APROX. (US$ TRI)	PAÍS
1	Black Rock Funds	7.300	EUA
2	Vanguard	6.100	EUA
3	UBS	3.500	SUÍÇA
4	Fidelity Investments	3.300	EUA
5	State Street Global Advs.	3.050	EUA
6	Allianz Group	2.500	ALEMANHA
7	J.P. Morgan	2.500	EUA
8	Goldman Sachs	2.050	EUA
9	BNY Mellon	1.950	EUA
10	PIMCO	1.900	EUA
11	Morgan Stanley	1.900	EUA
12	Amundi Asset Mgmt.	1.800	FRANÇA
13	Capital Group	1.700	EUA
14	Prudential Invs.	1.600	EUA
15	Credit Suisse	1.500	SUÍÇA
16	Franklin Templeton	1.400	EUA
17	Deutsche Bank	1.350	ALEMANHA
18	Northern Trust	1.250	EUA
19	Legal & General	1.200	REINO UNIDO
20	BNP Paribas	1.200	FRANÇA

Elaboração do autor. Números aproximados de agosto de 2021.

Como já mencionado, é sempre importante que a área de RI se esforce para conhecer bem quem são seus acionistas atuais e quais as suas estratégias principais de investimento. E, como apontado acima, o levantamento de quais são os investidores do seu setor, mas que *ainda não investem na companhia* é uma *informação estrategicamente importante*. Em especial, no caso de uma OPA que inclua investidores estrangeiros. Neste caso, essas informações são chave no desenho da estratégia da operação a se realizar. Elas são, obviamente, de grande importância para o planejamento do Roadshow do IPO e para o bom êxito do lançamento das ações no mercado.

Algo que surgiu mais recentemente e que é bastante interessante é uma ferramenta tecnológica de um fornecedor norte-americano de Nova York. Ele é especializado em organizar conferências e roadshows virtuais. Mas, além disso, esse fornecedor de serviços se encarrega de endereçar os convites para a **audiência ideal** para o cliente, usando um CRM próprio de investidores institucionais globais. Ou seja, o *targeting* para aquele evento *já é fornecido* pelo próprio fornecedor, organizador do evento virtual. Seu banco de dados apenas para *investidores na América Latina*, por exemplo, teria cerca de 2.700 nomes.

CONFERÊNCIAS DE MERCADO (DO SELL PARA O *BUY SIDE*): SETORIAIS, REGIONAIS ETC.

Manter um relacionamento direto com o Buy Side é essencial. E as reuniões individuais com seus analistas assim como as apresentações da companhia e do management para eles, especialmente nas grandes conferências de mercado, são excelentes oportunidades para estreitar o relacionamento com os investidores institucionais. Essas conferências, por sua vez, são organizadas por grandes bancos de investimento e costumam ser dedicadas a determinados setores ou regiões.

Em relação às conferências de mercado, as empresas iniciantes devem se esforçar para serem convidadas, pouco a pouco, para tais eventos. As empresas grandes, por sua vez, *precisarão ser seletivas*. Não há a necessidade de uma empresa participar de um número exagerado de encontros ou conferências. A equipe de RI deve, com o tempo, selecionar aquelas mais importantes, com melhores resultados para a companhia, e se concentrar nelas. O recomendável, também, é trabalhar em parceria com o CFO ou mesmo com outros diretores-executivos à frente das áreas da companhia em evidência, por alguma razão, naquele momento.

Nos eventos do mercado de capitais como as conferências setoriais ou regionais, as agendas organizadas pelo Sell Side compreendem várias reuniões para os representantes das empresas convidadas. E que somam por vezes dezenas delas, em apenas alguns dias. O cansaço é um perigo constante para os participantes, em especial após longas viagens internacionais e as várias horas de *diferença entre fusos horários.*

Nesses *momentos de vulnerabilidade,* pode acontecer de um ou outro analista "mais esperto" tentar puxar perguntas sobre assuntos que não podem ser abordados, solicitando informações relevantes, por exemplo, **que ainda não foram tornadas públicas**. Um deslize pode provocar a necessidade da **publicação imediata** de um **Fato Relevante** por parte da empresa.

A maioria dos analistas não vai agir assim. Porque as perguntas cujas respostas ainda não foram arquivadas na CVM até aquele momento, tais como *resultados futuros*; *projeções diversas*; *informações de natureza estratégica*; *informações sobre operações financeiras ou de "M&A" em andamento*; entre várias outras, *são antiéticas*. Mas, infelizmente, isso não é impossível de ocorrer. É ainda importante frisar que, "por mais proximidade e confiança" que se desenvolva com um determinado analista — e isso é positivo — não se pode ultrapassar a linha da ética e fornecer *informações a **ele que os outros ainda não detêm**.*

FUNDOS DE INVESTIMENTO

Outro público importante para RI e que ganhou peso nos últimos anos são os Fundos Multimercados ou os Hedge Funds, integrantes do Buy Side. Esses são fundos de investimento privados, em geral, acessíveis a um universo menor de investidores e que se utiliza de uma ampla gama de estratégias e alternativas de aplicação de recursos.

Os Fundos Multimercados não seguem um mesmo padrão e costumam ter as seguintes características gerais:

- Possuem elevada liberdade de investimento e na alocação de recursos dos clientes.
- Têm equipes de gestores e profissionais altamente especializados.

O DEPARTAMENTO DE RI E OS SEUS PÚBLICOS **61**

- Realizam grande volume de operações e de valores elevados.
- Divulgam poucas informações sobre si mesmos; têm pouca transparência.
- Buscam custos de operação reduzidos, mas cobram altas **taxas de administração** e de performance e, em geral, ambas.
- Têm um perfil de risco com frequência arrojado.
- Podem apresentar alto *grau de alavancagem* em relação ao seu patrimônio líquido.
- O seu acesso, em geral, é restrito: focam investidores exclusivos e de alta renda.

Os fundos de investimento buscam, com frequência, proteger seus investimentos de perdas potenciais usando estratégias de hedging. Embora, nem sempre e nem todos assim o façam. O fato de visarem círculos mais restritos ou mesmo de "investidores profissionais" e de maior poder aquisitivo lhes dá bastante flexibilidade em relação ao desenho de seus produtos.

Seus administradores preparam impressos e informações descritivas na internet que detalham para os clientes potenciais os diferentes fundos que desenvolvem, administram e comercializam. Bem como as suas diferentes estratégias, seus resultados e retornos obtidos ao longo dos anos, seus níveis de risco etc. Seu principal objetivo é o de maximizar os resultados. Por isso, convivem bem com maiores riscos.

Como mencionado, esses fundos costumam trabalhar com alavancagens elevadas, visam eventualmente prazos mais curtos, buscam setores com maior volatilidade e adotam uma amplitude de estratégias bem maior do que os investidores institucionais, que são investidores de longo prazo. Eles dominam certos mercados específicos, tais como de derivativos, de opções, de câmbio e de papéis de dívida de empresas ou países com "ratings de risco" mais elevados. Entre eles, papéis de "high-yield" e de dívida de empresas em situação mais frágil (distressed debt), por exemplo.

Os alvos ideais para a base de acionistas da empresa e para o RI serão sempre os investidores institucionais de longo prazo. Em especial aqueles com larga tradição de aplicação no segmento da companhia. Eles trazem brilho e "grife" reputacional à empresa e contribuem para a busca e a manutenção do seu justo Valor de Mercado. Entre eles é que, provavelmente, deverão se concentrar os *big movers* das ações.

E é verdade que muitos dos fundos de hedge ou multimercados podem ser "oportunistas". Ou, investidores de "curtíssimo prazo" (flippers). Mas há também aqueles com perfis de mais longo prazo e que não estão tão associados à volatilidade excessiva. Além disso, eles têm um papel útil e que não deve ser negligenciado: *são importantes agentes de liquidez e verdadeiros "catalisadores" da ampliação do número de negócios nas bolsas e dos volumes financeiros associados aos papéis da empresa.*

E **liquidez** é uma das variáveis mais importantes para o mercado de capitais e para as Bolsas de Valores. *Para atrair os investidores alvo e que realmente mais interessam, as ações da companhia **precisam ser líquidas**.* Os grandes investidores não querem ter problemas quando decidem vender determinado papel. Ou que a sua "saída" de uma determinada posição promova uma queda apreciável no preço daquela ação, por exemplo. Portanto, os RI's devem pensar nos fundos de mais curto prazo como um complemento importante para a sua base de acionistas. Mesmo que temporários.

Em resumo e em relação aos analistas do mercado de capitais:

1. Informação é a chave para construir um bom relacionamento com analistas, em geral.

2. O RI deve saber identificar quais os dados que eles mais necessitam e acompanham ("informações inteligentes").

3. Investidores institucionais normalmente buscam empresas grandes e de grande liquidez, mas podem ser fundamentais para uma empresa iniciante crescer no mercado.

4. A construção de uma sólida rede de analistas do Sell Side reconhecidos e emitindo relatórios de acompanhamento dos papéis da empresa ("cobrindo a companhia") é importante ajuda para a atração do Buy Side.

5. Não espere que os analistas façam o primeiro contato.

6. Seja proativo ao procurá-los, mas sem se tornar impertinente.

7. Seja eficiente no atendimento a telefonemas, nas respostas a e-mails e às solicitações gerais.

8. Não demore em atender analistas ou investidores.

9. Mantenha um sistema de data-base ou CRM de investidores e analistas com os dados deles; seus últimos contatos, reuniões e assuntos de interesse, entre outros.

10. Aperfeiçoe o seu site de RI. Mantenha-o atualizado e com *avisos automatizados* por correio eletrônico, SMS etc., sobre fatos relevantes e comunicados importantes recentes e disparados para os analistas do seu data-base.

11. Procure ferramentas de tecnologia que facilitem o acesso à informação e abuse da automatização; o tempo do RI é precioso, tem que ser bem utilizado.

12. Procure os analistas *espontaneamente*, sempre que necessário. Em especial, aqueles que estão em constante contato com a área de RI (geralmente, do Sell Side).

13. O uso de estratégias de *targeting* e de roadshows missionários na busca de novos investidores institucionais deve fazer parte da estratégia de RI com o Buy Side.

14. Convença a alta administração de que o trabalho de RI se constitui numa oportunidade de criação de valor *a custos relativamente baixos* e que deve ser um esforço de equipe.

15. O uso da mídia e da imprensa especializada é importante na divulgação da companhia, na melhoria de sua percepção pelo grande público e sua importância relativa.

16. O ideal é que o mercado perceba que o seu feedback para a companhia é levado em conta nas suas práticas; e mesmo nas decisões estratégicas subsequentes.

O RELACIONAMENTO COM ANALISTAS E INVESTIDORES INTERNACIONAIS

Apesar dos esforços e custos adicionais inerentes, uma listagem dupla, no Brasil e numa bolsa internacional, é um elemento importante para a estratégia de RI de uma companhia de grande porte. Uma listagem no exterior (ver

Capítulo 19) permite atrair investidores de longo prazo e com grandes recursos, globalmente. Possibilita ainda o acesso a um mercado financeiro com recursos disponíveis muito maiores que o nosso mercado local; promove a necessidade de se ampliar a transparência, além de melhorar consideravelmente a imagem e a reputação corporativa da companhia. A listagem lá fora reduz também os custos de captação, pois passa a oferecer o acesso a um número muito maior de bancos, globalmente.

Uma companhia com investidores estrangeiros, tendo ou não suas ações listadas em Bolsas de Valores fora do Brasil, obviamente precisará contar com uma equipe de RI habilitada a se comunicar, se relacionar e a atender às demandas de públicos internacionais. Isso inclui a capacidade de se expressar perfeitamente em inglês — escrito e falado — e, idealmente, numa terceira língua. A equipe de RI deverá estar apta também a organizar e a realizar roadshows e reuniões *"one-on-one"* ou em grupos, tanto no Brasil como no exterior, com analistas e investidores estrangeiros.

Além disso, a mesma equipe deverá ser capaz de organizar e realizar eventos da empresa fora do Brasil e a representar a companhia, com frequência, em conferências organizadas por grandes bancos, para empresas do seu setor. Essas conferências poderão ser voltadas para investidores em equity (ações) ou em dívida e costumam se realizar nos Estados Unidos e no Reino Unido e, com menor frequência, no México; em outros países europeus ou na Ásia (em Hong Kong ou Singapura, em especial para o Mercado de Dívida).

Essas demandas estarão também associadas, é claro, à necessidade de ferramentas de comunicação financeiras adequadas, tais como sites, apresentações e teleconferências em inglês. Além disso, o "Programa de RI" deverá prever as divulgações trimestrais e anuais sempre concomitantes para os diferentes mercados de onde a empresa estiver listada.

Ajustes de horário são necessários quase sempre, a fim de se resolver, da melhor maneira possível, questões de fusos horários diferentes e dos diferentes horários de funcionamento das bolsas envolvidas. Adicionalmente, a equipe de RI deverá estar apta a atender com perfeição às demandas de arquivamentos de relatórios oficiais exigidos nos mercados estrangeiros, tais como pela SEC, pela NYSE, pela NASDAQ e por outras autoridades regulatórias ou bolsas onde a companhia eventualmente estiver listada.

- **A NYSE** é uma bolsa de valores norte-americana localizada em Nova York. É **a maior bolsa de valores do mundo** em capitalização de mercado. O valor de mercado das suas empresas listadas é superior a US$30 trilhões e 80% de suas ações são negociadas acima dos valores de lançamento. Os valores médios diários de negociação na NYSE ultrapassam US$150 bilhões. A bolsa de Nova York é propriedade da *Intercontinental Exchange*, uma holding norte-americana baseada em Atlanta que também é listada (NYSE: ICE) e que controla bolsas e "*clearing houses*" nos Estados Unidos, Europa, Israel e Singapura, entre outras.

- **A NASDAQ é a segunda maior bolsa de valores, globalmente. E, é a empresa que criou o primeiro mercado de ações eletrônico do mundo.** Ela opera em mais de 70 bolsas em 50 países e uma em cada 10 das transações de títulos do mundo são realizadas nessa Bolsa, o que corresponde a cerca de 1,8 bilhão de transações por dia. A Nasdaq abriga aproximadamente **3.300 empresas** listadas com um valor de mercado de cerca de **US$ 2 trilhões**.

- **O Brasil ocupa o primeiro lugar na NYSE** *em captações da América Latina* e uma posição de destaque, **mundialmente**, abaixo da China, em primeiro lugar, globalmente. As empresas brasileiras já levantaram na NYSE, de 1992 até 2020, cerca de **US$15 trilhões**; e a China, cerca de US$52 trilhões. Somente em 2019, as empresas brasileiras captaram na NYSE cerca de US$2,5 bilhões; ou algo como meio bilhão de dólares acima das captações locais na B3, no mesmo ano (fonte: NYSE, 2020).

Nos Estados Unidos, à semelhança do **Formulário de Referência** no Brasil, é obrigatório o arquivamento anual e a atualização contínua do **Relatório 20-F** para empresas estrangeiras listadas no país (equivalente ao Form 10-K, para as empresas listadas locais), bem como o arquivamento dos Formulários **6-K** para os releases trimestrais, fatos relevantes e demais avisos ao mercado.

Uma listagem internacional para ser bem-sucedida precisa do apoio "top--down" da alta administração. Os investidores globais apreciam sobremaneira a participação direta do management em conferências internacionais; e o CEO e o CFO da companhia precisarão levar em conta essa demanda nos seus cronogramas anuais de trabalho. Além disso, há sérias implicações legais nos Estados Unidos, por exemplo, com base na Legislação **Sarbanes-Oxley**, em relação à aprovação e a certificação dos controles internos dos relatórios contábeis e das informações arquivadas na SEC e, em especial, por parte do presidente (CEO) e do diretor financeiro (CFO) da empresa.

Por fim, é bom lembrar — no caso de ADR's (ver Capítulo 19) — que vale a pena fazer bom uso dos serviços dos Bancos Depositários. Eles incluem levantamentos de informações estratégicas valiosas em relação à movimentação dos papéis, à base de acionistas (globais e nos Estados Unidos), ao *targeting* e à liquidez das ações. Eles são excelentes também, nos contatos com os analistas do Sell Side internacional e na organização de roadshows.

Os Sell Sides dos bancos internacionais de investimento, por sua vez, são excelentes parceiros para a organização de Roadshows (ver Capítulo 18) "missionários" ou "non-deal Roadshows" (NDR's) esporádicos, tanto nos Estados Unidos, como na Europa, para os investidores do Buy Side e seus clientes. As reuniões por eles organizadas podem visar tanto investidores atuais da companhia, como prospectivos. Suas equipes são muito experientes em roteiros e na logística como um todo: aeroportos; passagens aéreas; hotéis; transportes locais etc.

Esses Roadshows são muito importantes para manter a alta administração em contato frequente com os principais analistas que acompanham a empresa, assim como com os investidores institucionais internacionais, em especial aqueles que já investem na companhia.

OS INVESTIDORES INDIVIDUAIS

Investidores individuais são pessoas físicas que aplicam suas economias no mercado. Nos últimos anos — antes da crise de 2008 —, essa prática vinha crescendo muito no Brasil. Até 2008, cerca de 25% do movimento da Bovespa já era de investidores individuais: os "home brokers", pessoas que instalam em seus computadores caseiros programas associados às corretoras ou mesmo aplicativos nos celulares e que fazem as suas próprias escolhas. Recentemente, em 2020, seu número na B3 superou com folga a marca de um 3 milhões de pessoas, pela primeira vez.

O RI muito provavelmente se relacionará com esses investidores essencialmente através do site de RI da companhia e de ferramentas das mídias sociais, como Twitter e LinkedIn. É recomendável, portanto, que na equipe de RI haja *alguém com bons conhecimentos de informática, de programação, das técnicas de divulgação usando as mídias sociais, capaz de interagir bem com a empresa de consultoria em tecnologia de RI e com amplo domínio sobre essas novas ferramentas.*

Mas, atenção: obviamente, toda a regulamentação da CVM relativa à divulgação de informações se aplica aqui também. E, se algum desses investidores individuais entrar em contato diretamente com o setor de RI da empresa, ele precisa ser atendido em igualdade de condições como qualquer outro investidor. Na prática, isso pode se tornar um pouco mais complicado operacionalmente, porque as demandas individuais podem ser numerosas e exigir um esforço adicional das equipes de RI, que em geral são pequenas para atendê-las.

Na medida em que as ações da companhia atraiam um número maior de investidores pessoas físicas, *a área de RI terá que se adequar e de se estruturar internamente* para dar conta também dessa demanda adicional, assegurando um atendimento dedicado, atencioso e eficiente. Esse é um nicho importante para a imagem da empresa e para a liquidez de seus papéis (o que é um fator levado em conta, entre outros, para que companhia venha a fazer parte do Índice Ibovespa). Além disso, os votos dos investidores individuais também influenciarão os resultados das suas assembleias gerais. Assim, o investidor pessoa física não pode ser negligenciado.

O "DEPARTAMENTO DE ACIONISTAS INDIVIDUAIS"

Na montagem de uma nova área de RI, é vantajoso prever, portanto, a criação de um pequeno, mas ativo setor — uma espécie de *departamento de acionistas individuais*. Ou seja: um ou mais integrantes da equipe de RI (dependendo do tamanho da empresa e do número de seus acionistas) precisarão ser treinados e alocados para o atendimento específico dos investidores individuais.

Esse atendimento pode incluir a prestação de informações sobre suas posições acionárias prévias e atuais; instruções e encaminhamentos à instituição custodiante das ações (Banco Custodiante); esclarecimentos sobre dividendos distribuídos etc. Ultimamente, a participação dos acionistas minoritários tem crescido muito nos processos decisórios do negócio. Eles encontram nas

Assembleias Gerais de Acionistas, AGO's ou AGE's (ver Capítulo 10), um espaço próprio para exercer os seus direitos.

Nessas assembleias, os acionistas minoritários votam ou se fazem representar em conjunto, podendo influir diretamente sobre uma série de assuntos significativos e do interesse da companhia ou dos seus controladores.

A Lei nº 6.404/1976, das S.A.'s, como veremos mais adiante, confere uma ampla atribuição às AGO'S. *E, algumas matérias são de sua competência exclusiva*, tais como: a reforma do Estatuto Social; a eleição ou destituição de Conselheiros Fiscais da companhia; aprovação das demonstrações financeiras; aprovação para a emissão de debêntures; para operações de "M&A"; para confessar falência e pedir recuperação judicial; entre outros. Ou seja: os acionistas minoritários detêm, até mesmo e sob certas circunstâncias, parte do poder de mudar a administração e de alterar decisões de grande importância. E, é bom lembrar, esse público está também sempre atento às recomendações dos analistas de ações.

É ainda bastante produtivo e útil que esse departamento seja também um dos responsáveis pela organização das Assembleias Gerais ordinárias e extraordinárias, na sua montagem, divulgação e apoio à sua condução. Para as AGO's ou AGE's, o setor de RI deve trabalhar *sempre em conjunto com representantes da diretoria jurídica e da secretaria do conselho de administração* na divulgação tempestiva e adequada de convocações e das atas; na verificação do quórum e das procurações apresentadas; nas confirmações da condição dos participantes como investidores efetivos da empresa; em questões eventualmente associadas a votos múltiplos; nas apurações dos votos dos presentes e à distância e em outras demandas importantes.

OS ANALISTAS DE RENDA FIXA E AS AGÊNCIAS DE RISCO

Na prática, o trabalho das áreas de RI é principalmente focado nos analistas e nos investidores em ações da companhia, em função de sua capacidade, de alguma forma, de influir no Valor de Mercado da empresa. Além de, direta ou indiretamente, poder influir também na sua estratégia geral, nos seus investimentos e na sua governança corporativa.

O DEPARTAMENTO DE RI E OS SEUS PÚBLICOS **69**

Uma empresa, entretanto, não obtém recursos do mercado de capitais apenas através de lançamentos de ações. Aliás, os lançamentos de novas ações são, na realidade, grandes eventos na história das empresas e não acontecem com muita frequência. Em contrapartida, o lançamento de papéis de dívida, tais como títulos de renda fixa, debêntures, eurobônus e securitizações são instrumentos de *uso frequente* da diretoria financeira e da tesouraria para auxiliar nas necessidades de capital de giro e de investimentos.

Mesmo nos Estados Unidos, onde o mercado acionário tem uma longa história de consolidação, uma década inteira de taxas de juros historicamente baixas permitiu que as empresas vendessem quantias recordes de títulos aos investidores, levando o total da dívida corporativa do país, em novembro de 2019, para quase US$10 trilhões, ou um recorde de 47% da economia geral. Em números comparativos, a frequência de operações de dívida é cerca de 10 vezes maior do que o número de IPO's e "follow-ons" anuais, aproximadamente.

A escolha das alternativas de captação diante das necessidades de caixa da companhia vai depender de muitas variáveis como os custos de capital, condições do mercado, taxas de juros praticadas, prazos de amortização ou comissões para os bancos escolhidos. Ou seja, são as diferenças de custos resultantes do cotejo entre uma captação via dívida ou via equity, assim como os níveis de endividamento da empresa em relação ao seu patrimônio e a sua capacidade de geração de caixa que vão determinar, de tempos em tempos, qual a sua melhor alternativa de obtenção de recursos, num determinado momento.

Embora os investidores em títulos de dívida de uma empresa não tenham, como os detentores de suas ações, o poder de votar ou de influir diretamente nas decisões da companhia, eles possuem, em contrapartida, prioridades sobre o recebimento de seus rendimentos. Em especial, por exemplo, no caso de falência da empresa.

Os analistas de títulos de dívida, por sua vez, são os grandes influenciadores de opinião dos investidores em renda fixa. E esse é um universo de investidores de grande relevância para a empresa, pois a companhia se dirigirá a ele com frequência, na busca de recursos complementares para o seu fluxo de caixa.

É importante assinalar que, de uma maneira geral, o *custo do capital próprio da empresa* é bem maior que o custo de financiamentos via dívida. Além dos dividendos por ação que serão distribuídos e recebidos no futuro, as ações de uma companhia são o recurso mais importante para crescimento através de operações de fusões e aquisições ("M&A").

As trocas de ações entre acionistas controladores de empresas congêneres ou complementares nas fusões e aquisições com outras organizações do mesmo setor ou com sinergias importantes são mecanismos financeiros, societários e estratégicos de uso frequente no mundo corporativo. Os acionistas controladores buscam, portanto, *preservar suas ações* — principalmente ordinárias — obviamente para manter o comando da companhia para si, como também para usá-las como recursos financeiros em momentos de oportunidades realmente estratégicas de mercado.

De maneira geral, um título de dívida de uma companhia se compõe de um valor nominal de lançamento (valor de face), de um prazo para resgate do principal aplicado, de uma taxa de juros para a sua remuneração — ou "cupom" — e dos prazos de recebimento desses juros. Já o valor de compra ou de venda de um título de dívida no "Mercado Secundário" (após o seu lançamento) se tornará diferente do seu valor de face, ao longo do tempo, principalmente em função das condições de mercado existentes. Ou seja, em função do *prazo residual para recebimento do principal*, das percepções sobre o desempenho da própria companhia, sua *capacidade de geração de caixa* e de pagar suas obrigações.

Igualmente importantes são as variações sobre a *classificação de risco* da companhia ou da classificação do risco *atribuída especificamente aos seus títulos de dívida* (determinadas por Agências de Risco tais como Moody's, S&P, Fitch Ratings etc.). Adicionalmente, o valor do título no Mercado Secundário vai oscilar em função do comportamento das taxas de juros pagas pelo governo (papéis de menor risco) ou pagas por outras empresas similares etc. Ou seja, o verdadeiro rendimento de um papel de dívida não será dado apenas por seu cupom.

Os títulos de uma companhia são emitidos por meio de contratos entre a empresa e os investidores — em geral apresentados e registrados sob a forma de um "Prospecto de Lançamento" — que estipulam as características gerais dos papéis emitidos (montante, cupom, prazos de recebimento dos juros e de vencimento). O Prospecto contém também eventuais obrigações da companhia em relação aos investidores. Inclusive índices máximos de endividamento a serem respeitados durante a vida do título ("covenants"), garantias de recebimento, entre outros.

O Prospecto apresenta ainda as instituições financeiras que participam do lançamento, como os bancos de distribuição dos papéis, agentes fiduciários, de custódia etc. Alguns papéis podem ser emitidos com *opções variadas de recompra pela empresa* antes do seu vencimento ou outras características próprias, como a *sua conversão em ações*, depois de um certo prazo.

AS "RATING AGENCIES" OU AGÊNCIAS DE RISCO

Como já mencionado, as Agências de Risco são importantes agentes do mercado que realizam análises sobre a **qualidade de títulos de dívida** emitidos ou em circulação. Elas trabalham com **escalas de classificação dos níveis de risco de crédito** dos papéis (ou das próprias empresas) e que são, em grande medida, comparáveis entre si.

A escala da Standard & Poor's, por exemplo, adota a designação **AAA** para a classificação de **maior qualidade de crédito** ou **de risco mínimo para o investidor**. Para a mais arriscada, usa a letra **D**. No meio da escala, há vários níveis intermediários, tais como **AA**, **A**, **BBB**, **BB**, **C** etc., além de variações adicionais como **A+** ou **BB-**. Uma classificação **AAA**, por exemplo, quer dizer que a *probabilidade de inadimplência é extremamente baixa*. A classificação **D**, o oposto.

É claro que os juros pagos pela companhia aos investidores serão **tanto mais altos** quanto *maiores os riscos **de não recebimento** dos juros e do principal de volta*. Assim, tanto os analistas das Agências de Risco como os Analistas de Renda Fixa que acompanham os lançamentos e o desempenho dos títulos da empresa no mercado secundário são partes importantes dos públicos de RI.

AS INFORMAÇÕES AOS ANALISTAS DE DÍVIDA

As informações básicas a serem fornecidas a esses analistas serão *praticamente as mesmas* daquelas fornecidas aos analistas do Sell Side e do Buy Side de ações. Mas as necessidades, *os focos de interesse e as indagações **mudam bastante***. Os analistas de equity estarão sempre voltados para os resultados futuros da companhia, seus lucros projetados e a sua capacidade de investir e crescer, assim como se interessam pelos retornos desses investimentos — ou o valor econômico do negócio.

Já os analistas e investidores em títulos de dívida estarão mais preocupados com a capacidade de geração de caixa da empresa e a real disponibilidade futura de recursos *para honrar os pagamentos dos títulos de dívida* (principais e juros), conforme contratados. Ou com o valor financeiro do negócio. Por exemplo: enquanto um elevado histórico de pagamento de dividendos é "música" aos ouvidos dos analistas de ações, pode ser uma "preocupação a mais" para os analistas e investidores de renda fixa. Especialmente se o histórico não for consistente e se não houver uma *política clara para o pagamento de dividendos*, de forma a assegurar a disponibilidade de recursos para capital de giro, investimentos e pagamentos de exigíveis futuros.

Na prática, o atendimento aos analistas e investidores de dívida é uma tarefa geralmente assumida pelo Diretor Financeiro e a sua equipe de Tesouraria e de Crédito. Assim como o preparo dos respectivos Prospectos de Lançamento, juntamente com a equipe do Jurídico da organização e advogados externos. Mas, os RI's têm tido uma *participação crescente no processo*. Muitos diretores financeiros passaram a delegar também aos RI's o atendimento no dia a dia dos analistas de dívida.

Além disso, solicitam o seu apoio na elaboração de boa parte dos prospectos (principalmente as partes descritivas do negócio), preocupados — corretamente — com a *uniformidade dos argumentos*, dos números, explicações sobre os planos e estratégias de crescimento apresentados, com a governança da empresa, e com toda a divulgação prévia da companhia ao mercado. É sempre contraproducente quando surgem *versões diferentes*, ou mesmo *conflitantes*, sobre uma empresa — em setores complementares do mercado de capitais.

Na realidade e cada vez mais, as áreas de RI são vistas como parte integrante e importante da área financeira como um todo. Há um grande consenso de que é bastante positivo e estratégico a área de RI assumir a posição da *coordenação central e do gerenciamento do processo de comunicação e de informação em parceira com os agentes do mercado de capitais.*

Obviamente, um dos objetivos mais importantes do diretor financeiro é justamente o de reduzir os custos de capital da companhia. Se lembrarmos de que uma empresa, ao longo de sua vida, tomará centenas de milhões, ou mesmo alguns bilhões de reais — dependendo do seu vulto — em empréstimos, *cada 1% pago a menos em juros sobre suas linhas de financiamento representa ganhos indiretos de muitos milhões*, ao longo dos anos. Com frequência crescente, CEOs e CFOs têm passado a ver áreas eficientes de RI como parceiros importantes, **e não como centros de custos, mas como centros de lucros para suas empresas**.

OS "MARKET MAKERS"

Os Market Makers são outros interlocutores importantes de RI. Especialmente, para empresas listadas há pouco tempo ou de tamanho médio. Em geral, investidores em ações preferem os papéis das maiores empresas, mais conhecidas, preferencialmente as que fazem parte do Índice Ibovespa e que são listadas no novo mercado da B3. Essa preferência leva a uma dificuldade inicial grande às ações das empresas de médio porte que acabam tendo poucos compradores e vendedores e um baixo volume de negociação. Essa situação cria um círculo vicioso.

Ou seja: por terem poucos compradores e vendedores esses papéis não atraem novos investidores justamente *por sua falta de liquidez*. O que assusta o investidor é o fato de que, se ele quiser "sair do papel" pode ter dificuldades em encontrar quem os queira comprar.

Ou ainda, se a quantidade a ser vendida tiver um volume grande, isso pode também jogar o preço daquela mesma ação para baixo.

O Market Maker é um catalisador de liquidez. Ele assume o compromisso de manter ofertas de compra e venda, ao mesmo tempo (a preços ligeiramente diferentes), de uma ação ou de um título (como uma debênture, por exemplo) com o objetivo de criar liquidez para os papéis da empresa que o contratou. Ele visa gerar um preço máximo e um preço mínimo para se comprar e vender um papel com o qual atua. Com isso, se um título ou ação tem uma volatilidade muito grande, o que é típico daqueles com baixa liquidez, o Market Maker funciona como um "catalisador" do processo, pois ao ampliar a liquidez, ele também reduz a volatilidade e ajuda a estabelecer um preço justo para o título ou ação da companhia.

Os Market Makers são bancos ou corretoras contratadas por uma empresa para essa finalidade. Eles recebem por isso um pagamento, o qual é feito para compensar eventuais perdas da corretora ou do banco contratado pela companhia. Isso porque são obrigados a adquirir volumes, em geral, elevados dos papéis que "trabalham". E, se houver uma queda súbita e importante do preço deles no mercado, isso pode ocasionar perdas substanciais aos Market Makers.

RI: DIAGRAMA DE "FUNCIONAMENTO"

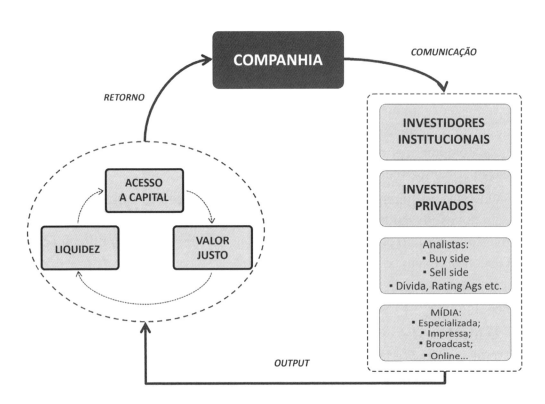

4

O RI E OS INVESTIDORES SOCIALMENTE RESPONSÁVEIS (ESG)

*(por **Luiz Felix Cavallari Filho** – Kipuinvest)*

O Investimento Socialmente Responsável (SRI) envolve o investimento em empresas que promovem temas éticos e socialmente conscientes, incluindo sustentabilidade ambiental, justiça social e ética corporativa. E, que lutam contra a discriminação social, racial e de gênero.

O QUE É UM INVESTIMENTO SOCIALMENTE RESPONSÁVEL?

Um investimento é considerado socialmente responsável conforme a natureza do negócio que a empresa realiza e, principalmente, como a empresa se posiciona e atua em relação a temas tais como *justiça social*, *sustentabilidade ambiental* e *energia alternativa/esforços de tecnologia limpa*.

ENTENDENDO O INVESTIMENTO SOCIALMENTE RESPONSÁVEL (SRI)

Investimentos socialmente responsáveis estão se tornando uma prática amplamente seguida, já que existem dezenas de novos fundos e veículos de investimento disponíveis para investidores de varejo e investidores institucionais especializados no tema. Segundo pesquisa da *Global Sustainable Investment Review* de dezembro de 2018, de um total de US$92 trilhões de ativos sob gestão profissional, 33% já eram investimentos responsáveis.

Esses investimentos cresceram nos últimos seis anos a uma taxa anual média composta de 15% ao ano, enquanto o mercado de ativos sob gestão profissional apresentou taxa de crescimento de 2% ao ano no mesmo período.

A EVOLUÇÃO DO INVESTIMENTO SOCIALMENTE RESPONSÁVEL

Investimentos socialmente responsáveis tendem a seguir o clima político e social da época. Na década de 1960, os investidores estavam preocupados principalmente em contribuir para causas como os *direitos das mulheres, os direitos civis* e o *movimento antiguerra.*

Como a conscientização cresceu nos últimos anos em relação ao aquecimento global e às mudanças climáticas, o SRI avançou para empresas que impactam positivamente o meio ambiente, reduzindo as emissões ou investindo em fontes de energia sustentáveis ou limpas. Consequentemente, seus investidores evitam setores como a mineração de carvão, devido ao impacto ambiental negativo de suas práticas comerciais.

Os fundos de SRI deixaram de ser produtos que investem apenas em empresas que não estão envolvidas na produção de armas, pornografia, jogos de azar, tabaco ou em um poluidor significativo através de combustíveis fósseis, mas sim a participar de uma estratégia de gestores de recursos, que passou a integrar as questões ESG — *Environmental, Social and Governance* no seu *processo decisório de investimentos.* Essa integração ESG pode se dar desde a aplicação de parâmetros qualitativos até a quantificação desses itens e a comparação com o Valor de Mercado das companhias investidas, *para mensurar os possíveis riscos e oportunidades que o tema pode trazer.*

Com os princípios ambientais, sociais e de governança (ESG) se tornando uma parte mais proeminente do léxico cotidiano de investimentos, os investidores institucionais estão explorando tanto o antigo quanto o novo critério que definem o ESG. À medida que o SRI evolui, os consultores e investidores precisam se manter atualizados sobre essa paisagem em mutação.

Existem outros elementos para o "E" no ESG que os investidores podem e devem considerar. Fatores ambientais incluem a contribuição de uma empresa ou governo para as mudanças climáticas por meio de emissões de gases de efeito estufa, juntamente com a gestão de resíduos e de eficiência energética. Diante dos novos esforços para combater o aquecimento global, a gestão de emissões de gases de efeito estufa e os investimentos para a redução deles se tornaram mais importantes.

O "E" é um tópico amplo e, embora os problemas relacionados a combustíveis fósseis sejam uma das considerações mais comuns, existe uma variedade de outras métricas ambientais de interesse que vão desde a gestão consciente do uso da água, gestão de resíduos e efluentes e programas de energia renovável, além da existência de um programa específico de política ambiental.

Outra questão a ser considerada na atual paisagem de SRI em evolução é a informação que as empresas disponibilizam aos investidores. Por exemplo, quase dois terços dos membros do S&P 500 *informam aos investidores como eles estão reduzindo suas emissões de carbono*, mas menos de 15% destacam seus investimentos em fontes de energia alternativas.

Por ser um tema relativamente novo, principalmente nos mercados emergentes, muitas vezes é confundido com filantropia. Frequentemente, vemos nos Relatórios de Sustentabilidade ou mesmo nos Relatórios Anuais a *descrição de ações filantrópicas, que nada têm a ver com investimentos socialmente responsáveis.*

O investidor responsável quer saber das empresas investidas qual a estratégia por ela adotada para lidar com esses temas. O que vem sendo feito, de maneira concreta, para reduzir as emissões de gases de efeito estufa? A empresa possui metas de redução e elas são divulgadas e medidas? Qual o investimento feito pela empresa para atingir essas metas? Como a empresa faz o manejo de seus resíduos? A empresa está preparada para a logística reversa? Como a empresa trata seus efluentes e como os devolve à natureza?

SOLIDIFICANDO O "S" NO ESG

A variável social na equação ESG é facilmente definida, mas também muda. Os direitos sociais incluem *direitos humanos*; *padrões de trabalho na própria empresa, como na sua cadeia de fornecimento*; *qualquer exposição ao trabalho infantil ilegal e mais problemas de rotina, como a adesão à saúde e segurança no local de trabalho.* A pontuação social também aumenta, dependendo de como a empresa gerencia as suas *relações com as comunidades envolvidas, clientes e fornecedores.*

Os gestores de investimento podem aplicar fatores sociais e sustentáveis de várias maneiras. Alguns gestores podem procurar evitar explicitamente empresas com controvérsias sociais significativas, como registros trabalhistas ruins ou casos de trabalho análogo ao escravo. Outra abordagem é concentrar-se em empresas que têm uma pontuação alta em uma variedade de fatores ESG. Uma metodologia que alguns estudos sugerem compensar para os *investidores no longo prazo*.

É parte das atividades do RI manter os investidores informados sobre estes temas e da mesma forma que avaliamos um projeto de investimento com taxas de retorno esperadas, ações nas áreas ambientais e sociais devem ser medidas: Qual o objetivo do projeto? Quanto será investido e qual o retorno esperado?

ANALISANDO O "G" NO ESG

A **Governança Corporativa** é um dos fatores ESG através do qual investidores institucionais podem se envolver com as empresas e abrir um diálogo com investidas, que pode resultar em mudanças significativas. Responsabilidade de investimento ou Governança Corporativa é o compromisso com as empresas para proteger e aumentar o valor dos ativos. Por meio do diálogo e do voto, os investidores se envolvem com líderes de negócios para construir um entendimento mútuo acerca dos riscos materiais que as empresas enfrentam e das expectativas da administração para mitigar esses riscos. Assim, identificar e gerenciar riscos ESG relevantes torna-se um componente importante do processo de engajamento e de estímulo ao desempenho financeiro sustentável no longo prazo.

No universo dos fundos, os produtos que enfatizam a governança geralmente se concentram em questões como gênero, raça e diversidade sexual no local de trabalho. No entanto, uma Governança Corporativa robusta engloba bem mais do que esses problemas. Por exemplo, algumas entidades especializadas em direitos de acionistas defendem o pagamento de estruturas de remuneração por desempenho, auditores externos e o aumento dos direitos dos acionistas minoritários.

A Governança Corporativa é um dos itens de maior importância na análise de uma empresa. Historicamente, empresas com governança robusta, possuem posicionamento sólido em relação aos temas ambientais e sociais. Portanto, a análise da governança de uma empresa deve verificar se a companhia realmente pratica tudo aquilo que está nos seus manuais, códigos e estatutos.

Vivemos um momento de profundas mudanças comportamentais e estamos experimentando a 4ª Revolução Industrial, na qual a *inteligência artificial deverá substituir milhões de postos de trabalho, ao longo dos próximos anos*. As novas gerações chegam muito mais conscientes do seu papel na sociedade. Temas como a mobilidade urbana, escassez hídrica, economia de baixo carbono e inclusão social passarão a ter cada vez mais importância na nossa sociedade.

E, as empresas que *não estiverem atentas a essas mudanças*, provavelmente não serão sustentáveis a longo prazo. É cada vez mais importante não só enfrentar esses desafios, mas **reportar de forma clara e consistente** *o que tem sido feito para preparar a empresa para esse novo cenário, para o seu crescimento e perenização.*

A AMPLIAÇÃO DO UNIVERSO DAS INFORMAÇÕES

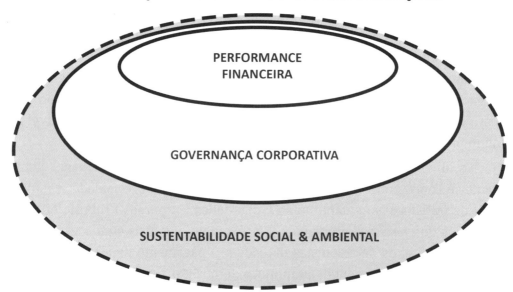

5

DESENVOLVIMENTO DA CULTURA DE COMPANHIA ABERTA

ABRINDO O CAPITAL DE UMA COMPANHIA

Como mencionado nos primeiros capítulos, a legislação brasileira define uma empresa como **companhia de capital aberto** quando ela possui **registro** perante a **CVM**, para que valores mobiliários de sua emissão sejam negociados publicamente em Bolsa de Valores ou mercados organizados. Para chegar lá, entretanto, a empresa precisará cumprir uma série de exigências legais e atender, também, aos pré-requisitos da B3 e às obrigações de registro de companhia aberta na CVM.

A decisão de abrir o capital não é uma coisa simples. Esse é um momento importante e complexo para qualquer empresa. O caminho ideal para abertura de capital começa com os *preparativos para essa mudança* através da difusão de novos conhecimentos e de **uma nova cultura interna**. A transformação de uma empresa numa companhia de capital aberto, independentemente de um futuro lançamento de suas ações no mercado de capitais, é um processo que exige mais do que apenas atender a leis ou regulamentos.

As iniciativas importantes nessa direção devem incluir a **montagem prévia da área RI**, mesmo que pequena de início. Esse núcleo de executivos, em conjunto com integrantes da diretoria jurídica, contabilidade ou controladoria, deverá ser responsável pelo início dos trabalhos de ajustes internos, assim como pela adequação dos relatórios contábeis e financeiros, da documentação legal e dos dados operacionais já existentes para a comunicação e a interação com o mercado de capitais.

É essa equipe inicial que deve começar a desenvolver algumas normas e políticas internas novas e as ferramentas básicas mais importantes para poder atender às futuras demandas da CVM e do novo relacionamento com o mercado de capitais. Devem ser feitas também algumas reuniões para se planejar o fluxo interno de informações de todas as áreas para RI.

Após abrir o seu capital, e em especial se emitir algum título público como debêntures por exemplo, a companhia passará a viver num ambiente de maior transparência, sob o acompanhamento e a análise crítica continuada e intensa de analistas, de investidores, da mídia e mesmo do fisco. A empresa terá assumido, então, uma série de obrigações novas com os reguladores, quase as mesmas de uma empresa listada em bolsa, que tenderão a aumentar e a se sofisticar, quanto mais ela crescer como companhia de capital aberto e mais ainda, se fizer um IPO e de fato vir a listar as suas ações.

Falhas na aderência aos regulamentos da CVM, como por exemplo, nos prazos para os arquivamentos periódicos ou nas informações divulgadas, eventualmente resultantes de fragilidades nos sistemas e processos internos, poderão levar a advertências sucessivas da CVM, perda de credibilidade, multas à companhia ou aos seus executivos.

Ou seja: o relacionamento bem-feito e a comunicação eficiente com o mercado são chave desde os preparativos para a abertura de capital. As melhores alternativas para o preparo do núcleo inicial de RI da companhia e dos demais integrantes das outras áreas que vão interagir continuamente com o setor de RI são treinamentos prévios, internos ou externos, devidamente planejados.

Importante observar que o preparo adequado dos novos integrantes da equipe de RI pode se realizar através de seminários ou workshops objetivos, de média duração, idealmente complementados por treinamentos individuais (*coaching*) para os gestores do processo: gerentes, superintendentes ou diretores, obviamente considerando suas experiências profissionais prévias. Hoje, há consultores seniores especializados em RI capazes de programar e de conduzir tais treinamentos.

O objetivo inicial do workshop é o de apresentar a um público mais amplo da empresa como funciona o mercado de capitais, dar início a uma nova Cultura de Empresa de Capital Aberto, apresentar as novas demandas de informações, sigilo, períodos de silêncio e demais obrigações da empresa para com o mercado, a CVM e as bolsas nas quais a companhia está ou estará listada. Além de explicitar a todos, como será importante a sua participação no fluxo interno de informações a serem divulgadas, obedecendo os prazos acordados etc.

Além disso, o *coaching* visa apresentar aos integrantes da nova ou futura equipe de RI, mais detalhadamente, o que é RI e como estruturar o novo departamento; quais os seus públicos; como se dá uma abertura de capital e um IPO; as principais regulamentações para empresas abertas e listadas; o processo de divulgação de informações; as principais ferramentas tecnológicas existentes e comumente utilizadas na comunicação com o mercado; quais as informações obrigatórias e quais as espontâneas mais necessárias aos analistas e aos investidores; quais os prazos para a sua divulgação; como assegurar a seleção das informações relevantes, inteligentes e de qualidade (entre elas, os fatores de *diferenciação do negócio da empresa* ou os seus "drivers estratégicos"); e como organizar o seu fluxo interno adequado de todas essas informações das mais diferentes áreas da companhia até chegarem ao RI.

No treinamento, devem ser abordados os tópicos mais relevantes da legislação societária; de governança corporativa; das responsabilidades dos gestores e diretores estatutários; assim como sobre a importância cada vez maior das questões relacionadas aos aspectos ESG.

O treinamento pode ainda incluir técnicas básicas para o preparo de apresentações em slides, assim como para a realização delas em público (*como fazê-lo com confiança e sucesso*) etc. O seminário pode também, eventualmente, incluir um *Media Training* para o C-Level, para que os diretores aprendam como melhor lidar com jornalistas e com a mídia, em geral.

PREPARANDO UM IPO

A **Oferta Pública Inicial de ações** direcionada ao público em geral, mais conhecida como **IPO**, que é a abreviatura de **Initial Public Offering** do mercado norte-americano, precisa obedecer no Brasil à Instrução **CVM nº 400/03**.

O principal objetivo de uma oferta pública de ações é sempre o de poder acessar novos recursos do mercado, normalmente visando ao crescimento da companhia, sem, entretanto, aumentar o seu endividamento já existente. Assim, esses recursos são buscados e obtidos diretamente de *novos acionistas*, em geral minoritários, inclusive com alguma possível diluição dos atuais sócios controladores do negócio. O lançamento de um IPO de ações tem que ser muito bem planejado e executado, para maximizar o seu resultado.

E, é **um processo muito demandante** e **muito cansativo**, porque exige uma dedicação grande da companhia, principalmente de suas áreas de finanças, do CFO, da área jurídica e do setor de RI. O CFO, em geral, também o DRI estatutário, acabará quase que inteiramente concentrado e dedicado às atividades e responsabilidades como DRI neste período. Especialmente **se a empresa cometeu o erro comum de não ter montado a sua área de RI** *antes* **do IPO**.

Como mencionado, *caso não exista ainda* uma área de RI, *o que não é o ideal*, uma opção é o uso de um Project Management Office (PMO) externo, através da contratação de uma Consultoria Sênior de RI para a condução do projeto e a organização de todas as frentes internas e externas relativas ao correto atendimento a todas as inúmeras demandas e o seu calendário.

No caso de um IPO, os primeiros passos correspondem à montagem de uma força-tarefa interna, cuja primeira atividade de grande importância será dar início à condução de um planejamento prévio, o mais abrangente possível, detalhado e cuidadoso. Acima falamos da importância dos treinamentos, seminários e do coaching de executivos como parte dos preparativos. Caso uma empresa decida fazer *concomitantemente os dois movimentos* — a **abertura de seu capital e o IPO** —, torna-se *ainda mais importante* que a fase de **treinamentos exista de fato**, e que essa atividade esteja *prevista entre as primeiras do cronograma geral do processo*.

O ideal, também, não só em relação a RI, é que a empresa tenha parceiros que possam verificar, diagnosticar, mapear e aconselhar a companhia sobre pontos, como o IPO, ainda em aberto; e também como melhor resolvê-los, como parte dos preparativos prévios. **Um serviço de preparação muito útil é o denominado de "IPO Readiness"**. Em geral oferecido pelas áreas de consultoria das grandes empresas de Auditoria Externa (e, portanto, com grande expertise em questões contábeis e fiscais).

Esse serviço avalia **como está o nível de adequação** da empresa para se tornar uma companhia listada. Após um período de levantamentos e de análise intensa, essas equipes de consultores e auditores externos analisam e avaliam questões como a situação dos relatórios contábeis existentes (ou faltantes) e seu estágio de atualização; questões fiscais relevantes eventualmente pendentes;

os processos e sistemas usados pela controladoria; a situação dos controles internos existentes (ou não) e os processos internos de compliance; questões de Governança Corporativa (composição do Conselho de Administração, de Comitês, por exemplo), dentre outros.

Como é um levantamento extenso e que exigirá uma série de *medidas posteriores de correção ou de melhorias*, é importante **contratar esses serviços com vários meses de antecipação** em relação ao IPO. O mínimo ideal seria de seis meses ou até um pouco mais. Vale a pena prever o treinamento em RI *em paralelo* com esses levantamentos.

Outra medida eficiente de aprendizado para o *management* pode ser a realização de um *primeiro Roadshow "missionário"*, antes da listagem. Esse roadshow pode ser solicitado a um grande banco de investimentos, e organizado por ele. Desta forma, o CEO, o CFO e o RI (se já contratado) podem se apresentar a potenciais investidores (em geral, os investidores usuais do seu setor), com o objetivo de *treinar a sua própria apresentação, seus argumentos de venda*, conhecer importantes portfolio managers do Buy Side, observar a reação dos investidores visitados, ouvir suas críticas e comentários e se familiarizar com a dinâmica muito intensa dos roadshows e suas reuniões. Isso lhes daria um maior desprendimento e mais desenvoltura, futuramente, na situação real. Existem também alguns eventos ou conferências organizadas pelos principais bancos de investimento para empresas ainda não listadas, mas que planejam fazê-lo.

Muitas empresas que foram açodadamente ao mercado, eventualmente estimuladas por momentos em que as "janelas de oportunidade" se tornaram marcadamente atraentes, acabaram por apresentar performances decepcionantes no mercado secundário, logo depois da sua listagem em bolsa. Com frequência, não montaram e nem treinaram as suas áreas e equipes de RI nem os seus porta-vozes antes da abertura de capital. **Um erro grave.**

Obviamente que **não é recomendável lançar ações sem se preocupar antecipadamente com o mercado secundário**. De nada adianta ter sucesso no IPO, obter uma importante soma de recursos e, na sequência, assistir à queda importante do valor dos papéis emitidos e, consequentemente, do Valor de Mercado da companhia. Isso, obviamente, é bastante negativo em todos os sentidos. Especialmente para a imagem, credibilidade e reputação da empresa, sempre de difícil recuperação.

Por fim, é bom lembrar que as Ofertas Públicas Iniciais com mais chances de sucesso são aquelas realizadas por companhias que já *adotam boas práticas de Governança Corporativa antes* da realização efetiva do IPO. Isso lhes permite aguardar e escolher, sob a orientação de seus bancos de investimento, uma "janela de mercado" adequada para a primeira listagem de suas ações.

EM RESUMO:

- O principal público do RI é o mercado de capitais: Investidores (Buy Side) e Analistas de Research (Sell Side); Analistas de Dívidas e, menos frequentemente, mas muito importantes também, as Agências de Risco ou "Rating Agencies".
- O DRI, com o apoio de sua equipe, é o porta-voz da companhia no mercado; algo que precisa ficar bem claro e aceito dentro da companhia.
- Os órgãos reguladores são a CVM e a Bolsa B3.
- O DRI é o responsável pelo cumprimento das obrigações da companhia perante os órgãos de regulação do mercado.
- A B3 atua como reguladora e autorreguladora, na qualidade de operadora do mercado. Ela tem regras de supervisão aplicáveis e regras para os diferentes *Segmentos de Listagem* específicos (ver Capítulo 15), nos quais as empresas escolhem ser listadas.
- O Público Interno: é preciso informar aos colaboradores da companhia sobre o IPO; tranquilizá-los quanto ao futuro e assegurar o seu apoio à operação.
- Outros públicos importantes e demais stakeholders incluem: clientes, fornecedores, autoridades, mídia especializada etc.
- Após a listagem, é parte do trabalho da equipe de RI estar em constante contato com todas as áreas da companhia, em especial com a Controladoria; Tesouraria; Diretoria Jurídica; Área de Vendas e Exportação; Área de Pesquisa e Desenvolvimento, para que possa se informar continuamente sobre o andamento de todas as operações, bem como avaliar o impacto de eventos inesperados na vida da

empresa e se há necessidade ou não da divulgação de eventuais fatos relevantes, apoiando o DRI nessas decisões.

PERCEPÇÃO DE VALOR DAS EMPRESAS

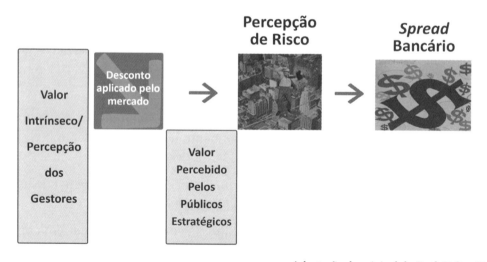

Adaptação de original do Prof. Valter Varia

6
A OFERTA PÚBLICA INICIAL DE AÇÕES PROPRIAMENTE DITA (O "IPO")

*(Com a importante colaboração e orientação
de Atademes Branco Pereira)*

Todo IPO direcionado ao público em geral deve ser previamente registrado na Comissão de Valores Mobiliários (**CVM**); um IPO deve ser realizado com a intermediação dos Bancos Coordenadores da Oferta ou "Underwriters", como conhecidos nos Estados Unidos.

O GRUPO DE TRABALHO

A companhia que pretende lançar suas ações no mercado, deverá contratar uma ou mais instituições intermediárias para a coordenação da sua oferta (ou o "sindicato dos bancos"), e formar um Grupo de Trabalho (GT) com representantes de diversas áreas da empresa que serão envolvidas no IPO. Os bancos coordenadores e seus advogados precisam estar, obviamente, representados neste GT. Um "sindicato ideal" não deveria ter mais do que três ou quatro bancos para assegurar uma boa diversificação. Há bancos com maior experiência no setor da companhia ou com bons relacionamentos em certos nichos de investidores, além de contarem com melhores "redes de distribuição".

> *Mas, um número exagerado de bancos também não ajuda. Há o risco de se agendar um número excessivo de reuniões no Roadshow, cansativas e ineficientes, além de dificuldades no consenso das estratégias de vendas, na montagem da apresentação de venda propriamente dita etc. Além, é claro, de um risco maior de vazamento de informações. Pois, quanto maior o número de pessoas envolvidas, maior o risco de vazamentos.*

Um dos Bancos Coordenadores deverá então ser escolhido pela companhia para o papel de **Coordenador Líder**, *responsável pela direção dos* *trabalhos* e pela *representação da operação na CVM*. O ideal, é que este banco tenha a **total confiança** do management da empresa. Pois, ao longo do processo, decisões *sensíveis* e importantes terão que ser tomadas. Inclusive, o preço ou a faixa de preços das ações na oferta. O que também se torna bem mais complexo com um número muito grande de bancos participantes envolvidos nas decisões.

Os Bancos Coordenadores devem auxiliar a empresa em vários passos e itens, como por exemplo, na definição da própria viabilidade, termos e condições do IPO; na contratação dos demais integrantes do Grupo de Trabalho como os Auditores Independentes, Escritórios de Advocacia, Corretoras de Valores Mobiliários (brokers), a empresa de Consultoria em RI e o prestador do serviço ainda denominado como "Printer" (na realidade, além da impressão do Prospecto, como antigamente, o "Printer" realiza diversos trabalhos adicionais importantes, tais como os arquivamentos de documentos na CVM, na SEC, nas Bolsas, entre outros).

Os Bancos Coordenadores têm ainda que:

> *Orientar a elaboração dos documentos da oferta, especialmente o "Prospecto", as comunicações ao mercado e o preparo do Roadshow; inclusive o treinamento e ensaios (Dry Runs) da equipe da direção da empresa que participará do evento; orientar o preparo do material publicitário (apresentações em slides ou outro formato preferido do Roadshow, "Q&A" (Perguntas & Respostas) etc.; atuar na intermediação da oferta com os investidores.*

"KICK OFF MEETING" E "BUSINESS DUE DILIGENCE"

Depois de formado o Grupo de Trabalho, é feita uma reunião para o início oficial das atividades de preparo do IPO, o **Kick Off Meeting**. Nessa reunião, a empresa, juntamente com os Bancos Coordenadores, apresenta aos demais integrantes do grupo os principais termos e condições da oferta, assim como o cronograma planejado. Em seguida, o management da companhia faz uma grande apresentação sobre ela, mostrando: suas operações, vendas, principais números contábeis e financeiros, entre outros dados que permitam ao grupo começar a se familiarizar com a companhia.

Essa apresentação, que dá a partida ao chamado **Business Due Diligence**, tem como objetivo importante *começar a fornecer os dados e o material necessários para o grupo de trabalho iniciar a elaboração dos vários documentos relativos ao IPO*, **especialmente o Prospecto e o Formulário de Referência** (**FRE**).

O PERÍODO DE SILÊNCIO E VEDAÇÃO À NEGOCIAÇÃO

Ao longo do IPO, **todos os integrantes do grupo de trabalho** deverão **se abster de se manifestar na mídia sobre a operação**; devendo a empresa e seus Bancos Coordenadores obedecer a essa regra a partir dos **sessenta dias que antecedem o protocolo do pedido de registro do IPO** na CVM, **ou a partir da data em que o IPO foi decidido** ou aprovado, **o que ocorrer por último, até a data de publicação do Anúncio de Encerramento do IPO**.

Este período, chamado de **Período de Silêncio** (**Quiet Period**), visa *coibir a divulgação irregular de informações* sobre a empresa ou sobre a oferta, com o propósito de *instigar o público a investir no IPO*. É o que os americanos chamam de "*Boosting the Market*".

Importante: o Período de Silêncio não proíbe a companhia de realizar o marketing de seus produtos e serviços como já é feito no seu dia a dia ("business as usual"). Ele também não impede a realização da divulgação de informações legalmente obrigatórias, entre elas as divulgações trimestrais de resultados, por exemplo. Os advogados da companhia, assim que realizado o kick off meeting, devem distribuir a todos os membros do GT um memorando explicativo sobre o Quiet Period, para deixar bem claro para todo o grupo o que é o Período de Silêncio e o *que pode ou não ser divulgado* (*não dar entrevistas, por exemplo*) durante ele.

OS DEVERES DO GRUPO DE TRABALHO E DOS ANALISTAS

Entre as regras de conduta do IPO, há o **dever de todos os integrantes** do GT de se **abster de negociar, até a publicação do anúncio de encerramento da**

oferta, ações ou títulos da empresa emissora, com algumas exceções descritas na Instrução **CVM nº 400/03**. Essa proibição, obviamente, visa impedir algum **insider trading**, associado à companhia.

Faz parte também das atividades dos advogados do GT distribuir aos bancos da operação um *memorando* com as orientações de atuação para as suas respectivas "áreas de research" (seus analistas do Sell Side). A esses analistas se aplicam as regras restritivas da Instrução **CVM nº 483/10** tanto em relação ao preparo e a divulgação de relatórios de recomendação sobre a empresa ofertante, assim como de negociação de suas ações, durante a oferta.

A "MURALHA CHINESA"

A Muralha Chinesa (ou *Chinese Wall*) é uma barreira que garante que dentro de um mesmo banco coordenador, os seus profissionais ou as suas áreas que passem a deter *informações privilegiadas* sobre a companhia (por participar do sindicato em IPO's ou por assessorar operações de "M&A", por exemplo) *não tenham contato com o seu Buy Side interno, para evitar conflitos de interesse*.

Essa barreira pode ser virtual, por meio de sistemas de computador só acessíveis com senhas, para restringir o acesso a documentos confidenciais, ou mesmo física, garantindo assim que as áreas conflitantes fiquem localizadas em andares ou até mesmo em endereços diferentes.

O CRONOGRAMA DO IPO E AS "JANELAS DE MERCADO"

O cronograma do IPO é elaborado considerando-se as datas de divulgação das demonstrações financeiras *de modo a evitar que nenhuma ocorra durante o período de análise do registro do IPO pela CVM*; caso contrário, novas informações financeiras precisariam ser apresentadas à CVM. O que pode causar grandes atrasos no processo de registro da oferta e no cronograma da operação.

Até recentemente, de acordo com a **CVM nº 400**, a Comissão não concedia o registro de um IPO após o 16º dia anterior a qualquer divulgação de informações periódicas do emissor e até a data de sua divulgação. Essa regra busca evitar que uma oferta seja realizada com base em informações financei-ras *prestes a serem atualizadas*.

O cronograma também precisará levar em conta os períodos do ano que não são adequados para um IPO, no exterior. Caso haja uma parte da oferta a ser realizada no exterior, o mês de agosto, por exemplo, é um mês de férias de verão na Europa e nos Estados Unidos.

"LEGAL DUE DILIGENCE"

Para a elaboração dos documentos da oferta, os advogados realizam um grande levantamento de informações, ou uma **diligência legal**, sobre os mais diversos aspectos da companhia emissora, que incluem: questões societárias, trabalhis-tas, operacionais, contratuais, ambientais, regulatórias, fiscais, entre outras. Esses tópicos terão que ser descritos em detalhes no Prospecto e no FRE da operação para assegurar que os potenciais investidores nos papéis sendo ofer-tados terão acesso a informações completas, verdadeiras e consistentes, para que a sua decisão de investimento seja muito bem embasada.

Caberá aos advogados brasileiros e internacionais da companhia e dos coordenadores da oferta realizar essa diligência legal. A empresa, por sua vez, receberá dos seus advogados uma lista indicando quais os documentos que de-verão ser disponibilizados para o levantamento da due diligence. O ideal é que esses documentos sejam disponibilizados por meio de sistemas específicos, os assim chamados **datarooms virtuais**. Esses sistemas permitem que os asses-sores legais, *que podem fazer parte de uma equipe numerosa de advogados*, tenham acesso aos documentos de forma rápida, organizada *e documentada*, evitando-se perdas ou danos de documentos originais.

Os *datarooms virtuais* também oferecem uma série de outras vantagens, tais como o controle de *quem visualizou* algum documento e em qual parte; o que eventualmente foi impresso e por quem etc. Além disso, os datarooms virtuais são ferramentas muito poderosas para auxiliar a empresa ofertante a montar o seu conjunto de **documentos de backup**.

Esse conjunto de documentos é a **memória das comprovações da vera-cidade e das fontes para todas as informações relevantes apresentadas no Prospecto e no FRE**. É pouco lembrado, mas a diligência legal prossegue *até* *a data de encerramento do IPO.* E, o ideal é que, para evitar atrasos, a companhia já tenha o seu dataroom virtual abastecido, antes mesmo do kick off meeting.

O CONTRATO DE DISTRIBUIÇÃO

Os advogados dos Bancos Coordenadores da oferta serão responsáveis pela elaboração das minutas de vários documentos, dentre eles o *Contrato de Distribuição*. Esse contrato, firmado entre a empresa emissora e os coordenadores, estabelecerá todos os termos e condições do IPO, assim como as obrigações entre as partes. Ele também conterá uma cláusula importante que regulará a forma de *indenização entre as partes*, caso surja alguma violação contratual ou legal relativa ao IPO. Além de várias outras declarações por parte da empresa emissora, as quais, se não comprovadas, levam também a multas.

OS "REGIMES DE DISTRIBUIÇÃO" DOS BANCOS

As ações a serem vendidas no IPO poderão ser distribuídas sob o regime de **garantia de melhores esforços** (quando os Coordenadores da Oferta **se obrigam a buscar investidores sem se obrigarem pela colocação total das ações objeto da oferta**) ou sob **garantia firme de subscrição** (quando os Coordenadores da oferta **se obrigam pela colocação de todas as ações**), ou ainda sob o regime de **garantia firme de liquidação** (quando os Coordenadores da oferta **se obrigam pela liquidação** das ações que sejam adquiridas, porém *eventualmente não integralizada*s, pelo investidor que as tenha adquirido na oferta).

O PROSPECTO

O Prospecto é o principal documento de divulgação do IPO. É elaborado pela equipe da companhia, seus advogados e pelos Coordenadores da oferta, com o auxílio também dos *auditores independentes* da empresa e de sua Área de RI. A companhia que está lançando as ações é responsável pela **veracidade**, **consistência**, **qualidade** e **suficiência** das informações contidas no Prospecto.

Os Coordenadores da oferta devem agir com muita atenção e cuidado, mantendo sempre padrões de diligência (de verificação) elevados, porque respondem pela falta de verificação ou por eventual omissão da empresa. Os Bancos Coordenadores asseguram assim que as informações mostradas no Prospecto atendem a todos os requisitos citados. E, dessa forma permitindo aos investidores uma tomada de decisão bem fundamentada a respeito do IPO.

Os Coordenadores da oferta para se assegurar do padrão de veracidade, realizam os procedimentos de **backup** e de **circle-up**, para a verificação detalhada de todas as afirmações, números, informações contábeis contidas no Prospecto e no FRE. Essa checagem é muito importante. E o emissor e o Coordenador Líder da oferta *assinam uma declaração* nesse sentido, que é *anexada ao Prospecto e enviada à CVM* para os seus arquivos.

O SUMÁRIO DO EMISSOR

Essa seção do Prospecto, o Sumário do Emissor, resume os principais aspectos negociais, operacionais e financeiros da companhia, assim como apresenta suas principais vantagens, competitividade e "drivers" estratégicos. Todos os dados e informações contidas no Sumário precisam ser comprovados pelo emissor perante os Coordenadores da oferta através de documento hábil ou de uma fonte idônea e essa informação, por sua vez, também é arquivada no backup.

Opiniões apenas da companhia devem ser evitadas. *E informações sobre perspectivas e projeções futuras* podem até ser feitas, mas com muito cuidado! Isto para evitar *reclamações e processos judiciais futuros*, tanto para a empresa como para os Coordenadores da Oferta, se as "promessas" da companhia não se concretizarem.

O Sumário (conhecido pelo mercado como "Box") não pode ter mais do que quinze páginas. E precisa ser *totalmente consistente* com o **FRE**, além de, obrigatoriamente, destacar — numa subseção — os **cinco principais Fatores de Risco relativos à companhia**. Além disso, ele precisa mostrar logo na primeira página *que é apenas um resumo* das informações sobre a companhia e indicar o FRE, como sendo o documento no qual todas as informações completas são de fato apresentadas.

Aqui, os **Fatores de Risco** mencionados servem como uma espécie de **seguro** para a companhia e para os Bancos Coordenadores, no caso de eventuais reclamações futuras de investidores. Pois eles *não poderão alegar* que "*desconheciam os riscos envolvidos no investimento*".

DESTINAÇÃO DE RECURSOS

A Seção "Destinação dos Recursos" do Prospecto deve expor claramente quais são os planos da empresa de utilização dos valores obtidos com a oferta, bem como o seu impacto na situação patrimonial e nos resultados da empresa. Se os recursos forem utilizados na aquisição de outros ativos ou de outros negócios, estes deverão ser descritos e como os recursos da oferta serão complementados para permitir as compras mencionadas, se não forem de todo suficientes para as aquisições mencionadas.

DEMONSTRAÇÕES FINANCEIRAS

São anexadas ao Prospecto as Demonstrações Financeiras dos últimos três exercícios sociais, *com os respectivos pareceres dos auditores independentes* e relatórios da administração, e as últimas informações financeiras trimestrais do emissor, com o relatório de revisão limitada dos auditores independentes. Em determinadas situações, há ainda a necessidade da elaboração de informações financeiras "pró-forma". Ou seja: considerando os efeitos de algum eventual investimento posterior à oferta etc.

O FORMULÁRIO DE REFERÊNCIA (FRE)

O FRE é um documento eletrônico, como descrito na ICVM nº 480/09. No IPO, ele tem o objetivo de divulgar informações relevantes para a melhor compreensão da empresa emissora e a avaliação das ações que estão sendo emitidas por ela. Para preencher o FRE, a companhia deve prestar informações: verdadeiras, completas, consistentes e que não induzam a erro. Escritas em linguagem simples, clara, objetiva e concisa. E ainda, tempestivas e úteis à avaliação dos títulos ou ações que a companhia está emitindo.

O **FRE deverá conter** as seguintes informações:

- As atividades da empresa.
- A estrutura de controle.
- Os Fatores de Risco relativos à companhia.
- A descrição dos Valores Mobiliários de sua emissão.
- Os mercados nos quais atua e outras informações operacionais.
- Os dados econômico-financeiros.
- A Análise dos Administradores sobre a performance da empresa (conhecido como *Management Discussion and Analysis*, ou MD&A).
- As políticas e práticas de Governança Corporativa.
- A descrição da composição e da remuneração de sua Administração.
- Descrição de eventuais Transações com Partes Relacionadas.
- Projeções (é facultativo o preenchimento — caso sejam fornecidas projeções, elas devem ser atualizadas e suas variações explicadas a cada divulgação de resultados).
- Funcionamento da Administração — conselho, diretoria, comitês.
- A descrição da composição e da remuneração de sua administração.
- Detalhamento de seus recursos humanos.
- A estrutura de controle (inclusive indireto).
- Eventuais transações com partes relacionadas.
- Composição do capital social e suas últimas alterações.
- Os valores mobiliários de sua emissão.
- Planos de recompra e retenção em tesouraria de valores mobiliários.
- Política de Negociação de valores mobiliários.
- Política de Divulgação de informações.

O **FRE** foi inspirado no registro de "prateleira" ou *Shelf Registration System*, da *International Organization of Securities Commissions* (IOSCO). Nesse sistema, todas as informações relevantes são disponibilizadas em um documento específico, o qual deve ser arquivado no órgão regulador **e atualizado regularmente**.

No momento de um IPO, a Companhia *emissora precisa preparar apenas um documento suplementar ao FRE,* **que é exatamente o Prospecto já descrito**. O Prospecto contém informações sobre os títulos ou ações que estão sendo ofertados, assim como características e condições específicas da oferta. **É o conjunto desses dois documentos que contém todas as informações necessárias e suficientes para os investidores** poderem tomar as decisões sobre a compra ou não daqueles papéis, nas condições e no preço da oferta.

O CÓDIGO DE AUTORREGULAÇÃO DA ANBIMA

A **ANBIMA** ou Associação Brasileira das Entidades dos Mercados Financeiro e de Capitais, da qual fazem parte todos os Bancos Coordenadores dos IPO's no Brasil, atua como um agente de autorregulação. Ela estabelece regras e princípios criados por seus próprios membros, complementares às normas legais existentes, que visam principalmente assegurar e melhorar os padrões *éticos e operacionais* dos mercados de capitais.

Em geral, todos os IPO's estão sujeitos ao Código de Regulação e Melhores Práticas para as Ofertas Públicas de Distribuição e Aquisição de Valores Mobiliários ou Código de Autorregulação da ANBIMA. Assim, todos os documentos da oferta, especialmente o Prospecto e o FRE, deverão ser elaborados obedecendo às regras do código. Inclusive, é obrigatória a aplicação do "**Selo ANBIMA**" no Prospecto e nos demais anúncios oficiais publicados. A análise do IPO pela ANBIMA só é realizada *após o encerramento da oferta*. Não há, assim, nenhuma análise ou recomendação prévia da associação quanto aos documentos da oferta. Entretanto, se ocorre alguma falha em relação ao código, o banco estará sujeito a sanções determinadas. Essas sanções incluem uma advertência pública, uma multa pecuniária ou até o seu desligamento da Associação.

O PROCESSO DE REGISTRO
E DE LANÇAMENTO DA OFERTA

1. **O pedido de registro do IPO deverá ser requerido à CVM pelo emissor** em conjunto com o Banco Coordenador Líder, e deverá ter como anexos os documentos (preliminares ou definitivos) e informações exigidos na Instrução **CVM nº 400/03**.

2. A partir daí, a **CVM terá vinte dias úteis** para se manifestar (ou seja: fazer seus comentários sobre os documentos entregues) ou deferir o pedido.

3. O prazo de análise poderá ser interrompido uma única vez, se a CVM, por meio de ofício, requerer documentos, alterações e informações adicionais. O que é comum ocorrer, pois os documentos inicialmente apresentados geralmente têm lacunas que somente poderão ser preenchidas mais adiante.

Em paralelo com o pedido de registro na CVM, a empresa terá que entrar também com o **pedido de listagem das ações na B3**, juntamente com o pedido de admissão da companhia em *algum dos segmentos de negociação* (geralmente, no Novo Mercado). A B3 analisará quase todos os documentos do IPO. E, em especial, o Estatuto Social da empresa emissora das ações e a sua composição acionária e administrativa, em relação ao atendimento dos requisitos exigidos de Governança Corporativa.

O FECHAMENTO CONTÁBIL E O RELACIONAMENTO
COM OS AUDITORES EXTERNOS

É praticamente certo que os níveis de exigências da auditoria durante os trabalhos prévios para um IPO sejam *bem acima do usual*. As auditorias passem a demandar **comprovações** internas mais específicas e completas para diversos itens de maior abrangência, tais como para a provisão para devedores duvidosos (PDD), critérios de depreciação e exaustão, valores de ágio, entre muitos outros. Assim, é importante **planejar adequadamente o tempo** para levantar ou preparar essas comprovações, para a análise e elucidação das dúvidas dos auditores, o que vai demandar também pesquisas específicas e uma comunicação mais frequente e direta com eles.

AS ETAPAS DO IPO: CVM, MATERIAL PUBLICITÁRIO E OUTROS

1. A contar do recebimento do ofício de exigências da CVM, o ofertante e os coordenadores terão o **prazo de até quarenta dias úteis para atender às exigências feitas pela CVM**.

2. Num cronograma usual, o cumprimento de exigências ocorre em um período de uma ou, no máximo, duas semanas.

3. Caso por alguma razão o cronograma do IPO tenha que ser ampliado, o prazo para o cumprimento das exigências **poderá ser prorrogado, uma única vez, por um período de até vinte dias úteis**, mediante a prévia apresentação de pedido fundamentado à CVM.

4. Além de eventual pedido de prorrogação de prazo para cumprimento de exigências, **também é permitido solicitar à CVM, uma única vez, a interrupção do processo por até sessenta dias úteis**. Ao término da interrupção, recomeçarão a contar os prazos iniciais de análise, como se um novo pedido de registro tivesse sido apresentado àquela Comissão.

5. A partir do recebimento de todos os documentos e informações exigidas pela CVM, esta terá **dez dias úteis** para se manifestar sobre o pedido de registro.

6. Durante esse prazo de análise, a empresa e os Coordenadores da oferta devem divulgar o **Aviso ao Mercado**, informando ao público os termos e as condições do IPO, inclusive no que se refere a pedidos de reserva e precificação das ações ofertadas.

7. Na data de divulgação desse aviso, também será **disponibilizado ao mercado o Prospecto preliminar** do IPO, impresso e na internet.

8. Começa aqui o período de apresentação do IPO ao mercado, o chamado **Roadshow** (ver Capítulo 18).

9. Caso eventualmente os documentos apresentados à CVM para o cumprimento de exigências contenham algumas alterações

voluntárias (ou seja, que não foram exigências da CVM), o prazo de análise da CVM poderá passar de **dez para vinte dias úteis**, dependendo do volume e da relevância das modificações.

10. Ao longo do prazo de análise, a CVM emitirá ao emissor e aos Coordenadores da oferta um novo ofício de exigências requerendo o cumprimento dos "**vícios sanáveis**" que ainda existam.

11. **Ao final do prazo de análise da CVM**, o emissor e os Coordenadores da oferta realizarão o processo de **precificação das ações** (pricing), com base na coleta das intenções de investimento (Bookbuilding) dos investidores institucionais.

12. Nessa data, do pricing, **todos os documentos relevantes da operação**, tais como contrato de distribuição, documentos relativos à listagem na Bolsa etc., **deverão ser ou estar assinados**, conforme o caso, e todos os "vícios sanáveis" deverão estar extintos, de forma que todos os documentos do IPO, em sua versão final, possam ser apresentados e aprovados pela CVM.

13. A contar do protocolo de tais documentos perante a CVM, esta terá o prazo **de três dias úteis para a análise final** dos documentos e a **outorga ou indeferimento do registro do IPO**.

14. **É muito importante que o Prospecto preliminar e o Prospecto definitivo do IPO sejam** *substancialmente idênticos*, caso contrário a CVM exigirá que seja dado o prazo de cinco dias úteis para que os investidores que tenham feito reservas *ratifiquem ou não seu desejo de participar do IPO*.

15. **Imediatamente após o registro da oferta**, o emissor e os Coordenadores da oferta realizarão a **divulgação do Anúncio de Início do IPO**, e disponibilizarão ao mercado a versão do **Prospecto definitivo (com o preço das ações)** da oferta.

16. O usual é que imediatamente após a divulgação do anúncio de início da oferta, o montante principal dela seja liquidado.

Na hipótese de o emissor ter outorgado a um dos Coordenadores da oferta a opção de distribuição de um **lote suplementar de ações**, caso a procura pelas ações assim justifique, **eles poderão aumentar a quantidade de ações ofertadas em até 15%**, opção esta chamada de **Green Shoe**.

A OFERTA PÚBLICA INICIAL DE AÇÕES PROPRIAMENTE DITA (O "IPO") **103**

17. Adicionalmente, conforme os termos e condições do IPO, **a quantidade de ações poderá, a critério do ofertante, ser aumentada em até um montante que não exceda em 20%** da quantidade de ações **inicialmente ofertadas**, excluídas as ações associadas ao Green Shoe. Esse novo lote é chamado de **Hot Issue**.

18. É comum que o Hot Issue ocorra juntamente com a distribuição e colocação da oferta base, enquanto o Green Shoe ocorra ao final do **período de estabilização**.

19. É facultada a distribuição parcial das ações, contanto que esteja prevista nos documentos da oferta.

20. Na hipótese de não terem sido distribuídas integralmente as ações objeto da oferta, e não tendo sido autorizada uma *distribuição parcial*, os investidores deverão ser integralmente restituídos e estará encerrada a oferta.

21. **Uma vez iniciada a negociação das ações na Bolsa**, será iniciado o **período de** *estabilização do valor das ações*, o qual dura **até trinta dias**.

22. O procedimento de **estabilização de preços** de ações é o mecanismo pelo qual **uma instituição intermediária compra ou vende ações** da mesma espécie daquelas do IPO **no mercado**, com **o objetivo de evitar oscilações abruptas em sua cotação**, *o que seria prejudicial tanto aos investidores como ao emissor*.

23. As ações vendidas na estabilização são obtidas por meio de um empréstimo feito com determinados acionistas do emissor.

24. Caso ao final do período de estabilização o agente estabilizador ainda tenha as ações tomadas em empréstimo, ele as retornará ao cedente.

25. Caso ele necessite de ações adicionais para honrar o empréstimo, ele usualmente exerce *o Green Shoe* e entrega as ações recebidas ao cedente.

26. Como ato final do IPO, será divulgado um **Anúncio de Encerramento**, o qual deverá ser devidamente apresentado à CVM.

A ATUAÇÃO DO RI EM "IPO'S"

Como já mencionado: Uma **Oferta Pública Inicial** é feita com o suporte de alguns Bancos Coordenadores, ou **sindicato**. Um dos bancos do sindicato, aquele de maior confiança da empresa, é escolhido por esta como o **Banco Coordenador Líder** da operação. Também como já visto, ele orienta a empresa em todos os principais aspectos do lançamento, e em especial, na definição do preço das ações que serão ofertadas, no *timing* do lançamento etc.

Aqui, é importante salientar novamente que **o processo todo é muito demandante**, principalmente para as áreas de controladoria, finanças, jurídica e de RI. E que **o papel da diretoria jurídica é fundamental no preparo de toda a documentação**, especialmente do Prospecto de lançamento das ações a ser apresentado às autoridades, que aprovarão ou não a listagem das novas ações (CVM, no Brasil; SEC, nos Estados Unidos; Bolsas de Valores onde se darão as listagens etc.).

Normalmente, o departamento jurídico da companhia trabalha apoiado num escritório externo de advocacia de grande experiência em mercado de capitais (local e/ou internacional) e em IPO's e no Banco Coordenador. E este, por sua vez, se apoia num *segundo escritório* de advocacia de sua escolha.

Ou seja: no período de preparo do Prospecto e da operação como um todo, haverá muitos advogados circulando dentro da empresa, trabalhando em conjunto com a equipe interna da empresa responsável pela oferta.

Uma tarefa muito importante do Banco Líder e Coordenador da operação é a **organização geral de todo o processo**, o **preparo e o follow-up do cronograma** de trabalhos e o desenho da **estratégia para a apresentação da companhia ao mercado**, principalmente aos Investidores Institucionais mais adequados. **Nesse ponto, o trabalho da área de RI, que já deve estar montada previamente, juntamente com o banco de investimento responsável pelo IPO é de grande importância.**

O apoio de RI inclui a sua participação no desenho da **base de acionistas desejada** através do *"targeting"* (ver Capítulo 3) ou a *identificação prévia dos investidores com o perfil mais adequado de investimento na empresa*; na **organização do Roadshow** respectivo, no **preparo da apresentação** para a venda das ações propriamente dita, e no **treinamento** e ensaio (Dry Run) de todos os participantes.

Outra atividade de grande importância para a área de RI é a interação com os advogados da companhia e do Banco Coordenador para a **redação do Prospecto** de lançamento, com destaque no apoio da Área de RI para os **textos descritivos da empresa** e do seu setor, o **histórico da companhia**, sua estrutura organizacional, estratégia de crescimento, o uso dos recursos obtidos com o IPO, assim como auxiliar na redação importante e complexa dos **Fatores de Risco** relativos à companhia, entre outros.

A partir da listagem, a companhia, como já observado, passará a ter que *respeitar e atender a todos os requisitos de uma empresa de capital aberto negociada em Bolsa*, o que inclui níveis bem mais elevados de transparência. Portanto, é necessário que já se verifique internamente um *convencimento* sobre essa nova "Cultura de Companhia de Capital Aberto". Falhas nesse entendimento e no *comportamento* dos executivos da empresa podem ocasionar quedas significativas no preço das ações após o seu lançamento, e, em consequência, no seu Valor de Mercado. E, até mesmo, comprometer seus eventuais acessos futuros ao mercado de capitais.

Como já vimos também, e entre outros, uma Oferta Pública exige a manutenção de um **Período de Silêncio** desde a tomada de decisão de realização da oferta até o encerramento dela. A **Área de RI**, juntamente com os advogados responsáveis pela operação, **deverá ajudar a *zelar pela estrita obediência do período de silêncio***. Nesse período, nada pode ser comentado pela empresa externamente ou por seus porta-vozes em relação à oferta propriamente dita.

Complementando o que foi mencionado, listo a seguir *algumas* das atividades mais importantes de uma área de RI ao longo de um IPO.

1. Realizar **estudo detalhado** dos Relatórios Contábeis com o apoio direto da Controladoria; apoiar a organização e participar de "aulas internas", reuniões preparatórias e apresentações sobre os Balanços Patrimoniais, DRE's, Fluxos de Caixa, Notas Explicativas etc. — explicitando os relacionamentos entre os diversos relatórios e *analisando-se as variações das principais linhas, entre trimestres*.

2. Buscar alcançar assim, um **amplo domínio e conhecimento** sobre os **pontos mais complexos ou controversos** levantados nesses encontros (questões contábeis, legais, fiscais, operacionais, atuariais etc.).

3. Apoiar o **desenvolvimento das principais peças de oferta** (**material de Roadshow**), juntamente com o Banco Líder. E, em especial, a montagem da **apresentação visual da venda** (ver Capítulo 18) e a subsequente aprovação dos advogados para ela.

4. Apoiar o desenvolvimento da **Tese do Investimento** (o "Business Case") a ser apresentado no Roadshow em conjunto com as equipes dos Bancos Coordenadores e, em seguida, com os seus analistas de equity research que realizarão o **Pilot Fishing** (ver Capítulo 18); esse material será a base da apresentação final do Roadshow de venda. E assim, o RI obterá amplo domínio sobre ele.

5. Apoiar o preparo da lista de perguntas (esperadas) e suas respectivas respostas ("Q&A"), buscando ser *o mais realista possível no preparo da listagem*, incluindo nesta as perguntas *mais indesejadas e difíceis de responder*.

6. **Participar das sessões de treinamento** com o Banco Líder e os participantes do Roadshow: *treinar a apresentação propriamente dita; treinar o "Q&A" e treinar a postura para os casos de rejeição ou comportamentos negativos de investidores ou analistas (Dry Runs)*.

7. **Participar das sessões de treinamento legal** sobre Períodos de Silêncio; o que pode ou não ser dito e entregue aos investidores antes e após as reuniões; as novas responsabilidades da companhia em relação aos investidores; aos novos níveis de transparência; novas responsabilidades dos diretores estatutários etc.

8. Desenvolver o "**KIT do Investidor**" (material cedido ou entregue a investidores).

9. **Adequar o site** da companhia para a oferta pública (inclusive em relação ao mercado norte-americano) e "abrir" essas informações quando aprovado pelos advogados da operação.

A OFERTA PÚBLICA INICIAL DE AÇÕES PROPRIAMENTE DITA (O "IPO") **107**

10. Montar o **Plano de Mídia** com apoio da Comunicação Corporativa e da Assessoria de Imprensa.

11. Montar o "KIT para divulgação na mídia" (material simplificado, mas alinhado com o material mais técnico para o mercado).

12. Participar e opinar sobre o **desenho completo do itinerário** e sua logística e sobre os locais das reuniões e apresentações aos investidores.

13. Apoiar a realização de **Pesquisa de Targeting** e não delegar *totalmente* a seleção dos investidores a serem visitados para os Bancos.

14. Participar da **definição dos Porta-vozes** oficiais da companhia durante a operação e da Equipe do Roadshow (ver Capítulo 18).

---

*Obs.: **Não há uma regra para a composição da Equipe do Roadshow**. É **muito necessária a participação do CEO e do CFO** (os investidores sempre querem ter a oportunidade de conhecê-los, pessoalmente)! E, é também importante a participação de alguém da Área de RI, caso já exista, pois ele será o contato mais frequente, logo após o IPO, com os mesmos investidores visitados. Além deles, quando possível, vale muito a pena ter algum representante bem versado nos relatórios contábeis, alguém da Controladoria ou Contabilidade, para apoiar o CFO em caso de dúvidas mais complicadas. O CFO precisa ter o domínio dos números da empresa, mas, às vezes, não é possível lembrar-se de todos os detalhes. Assim, ter alguém que possa buscar os números durante as reuniões sabendo onde encontrá-los com facilidade, ajuda bastante e deixa o CEO e o CFO numa situação bem mais confortável.*

Além das atividades antes e durante o IPO, é importante planejar as ações de RI **para logo após o lançamento** e a listagem das ações em bolsa. Idealmente, elas deveriam incluir um "Estudo de Percepção" *com os novos investidores*, para obter a avaliação deles sobre a oferta propriamente dita, sobre o desempenho da equipe que representou a companhia e ainda sobre a *performance* inicial dos papéis recém-adquiridos.

É saudável desenvolver previamente o **Programa de RI** e comunicar ao mercado o novo **Calendário de RI** com **as datas de divulgação dos próximos resultados,** das *teleconferências* e apresentações webcast subsequentes da nova companhia ao mercado. É também produtivo colocar no novo site de RI uma **Mensagem da Administração** ou da presidência *sobre os resultados alcançados na Oferta Pública recém-concluída* e sobre os planos da empresa, de agora em diante, bem como *as boas-vindas aos novos investidores*, como acionistas da organização.

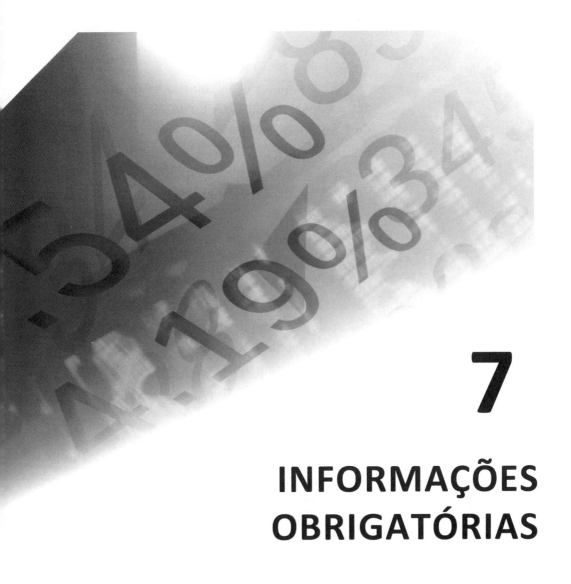

7
INFORMAÇÕES OBRIGATÓRIAS

A base de funcionamento de todo o mercado de capitais e das sociedades anônimas são as Leis n° **6.385/76** e **6.404/76** (**Lei do Mercado de Capitais e Lei das Sociedades Anônimas**). A primeira cria a CVM e regula as bases do mercado de capitais. A segunda disciplina a organização e o funcionamento das sociedades anônimas de capital aberto e fechado.

A **Lei 6.404/76** tornou o registro de companhia obrigatório, para que os valores mobiliários de sua emissão possam ser negociados em bolsa de valores ou balcão. Esse registro implica não só o fornecimento de documentos e informações à CVM, mas também a aceitação de determinados compromissos por parte da companhia. Ele deve ser atualizado pelas companhias, de forma a constituir um sistema contínuo de informações.

Uma das principais *normas* a ser seguida pelas empresas listadas é a **Instrução CVM n° 480/09**, que dispõe sobre o registro de emissores de valores mobiliários admitidos à negociação em mercados regulamentados de valores mobiliários e cujos objetivos são:

- **Regulamentar o Registro de Emissores** de títulos que serão negociados nos mercados de títulos mobiliários (Bolsas ou Balcão).
- Definir **quais as informações obrigatórias a serem fornecidas** pela companhia ao mercado de capitais.
- Estabelecer duas categorias de empresas a serem registradas:

1. **Categoria A**: que autoriza a negociação de *quaisquer títulos mobiliários* do emissor em mercados regulamentados de valores mobiliários.

2. **Categoria B**: que autoriza a negociação de títulos do emissor em mercados regulamentados de valores mobiliários, *exceto os seguintes*: *ações e certificados de depósito de ações*; ou títulos mobiliários que confiram ao titular o direito de adquirir ações e certificados de depósito de ações por *conversão em ações* ou de direitos dessa natureza, quando emitidos por uma empresa desta categoria.

OUTRAS IMPORTANTES INSTRUÇÕES DA CVM

Instrução CVM 481/09

Objetivo: regulamentar e definir o conteúdo mínimo das informações e os documentos a serem divulgados para o exercício de **voto, inclusive, procurações, em Assembleias**.

Instrução CVM 358/02

Objetivo: regulamentar, entre outras, a divulgação de **Ato ou Fato Relevante** das companhias abertas e dispõe sobre a divulgação de informações relativas à *negociação com títulos imobiliários, tais como ações da companhia por pessoa a ela vinculada*, como seus administradores e demais *insiders*. Ela prevê diversas obrigações para as companhias abertas, seus acionistas e administradores, principalmente quanto a:

- **Divulgação de informações sobre** aquisição ou venda de valores mobiliários.

- **Vedações à negociação de valores mobiliários por** *insiders* **e seus dependentes**, antes de:

  ◦ alguma informação relevante;

  ◦ venda e alteração de participações societárias relevantes;

  ◦ fatos ou atos que possam influenciar na cotação dos valores mobiliários emitidos pela companhia ou na decisão dos investidores de comprar, vender ou exercer direitos relacionados aos seus valores mobiliários (chamados **Fatos Relevantes** — ver Capítulo 11).

AS INFORMAÇÕES OBRIGATÓRIAS

A área de RI deve visar planejar — **primeiramente** — a divulgação das **Informações Obrigatórias** da companhia, no Brasil **regulamentadas pela Lei 6.404/76** (**Lei das Sociedades Anônimas**) e por diversas **instruções da CVM**, em especial as de números **358/02 e 480/09**, como mencionado.

Os **principais documentos obrigatórios** e que mais dizem respeito ao relacionamento com o mercado incluem o formulário padronizado **FRE**, as **DFP's** (Demonstrações Financeiras Padronizadas), o **Relatório da Administração**, o **Parecer dos Auditores Independentes** e **do Conselho Fiscal** (caso exista), o **ITR** (Formulário de Informações Trimestrais) além de **Atos ou Fatos Relevantes** eventuais, os **Editais** para a convocação de **Assembleias Gerais Ordinárias ou Extraordinárias** dos acionistas da empresa e suas respectivas atas, e o **Informe sobre o Código Brasileiro de Governança Corporativa** (ver Capítulo 15):

- As **DFP's** (Demonstrações Financeiras Padronizadas anuais e elaboradas segundo as normas IFRS): são finalizadas após o **encerramento de cada exercício social**, têm que ser divulgadas ou disponibilizadas no prazo **máximo de três meses após o encerramento dele**. Ou seja, até 31 de março**.** Elas são sempre acompanhadas do **Relatório da Administração** (as DFP's são preparadas pela Controladoria e *compartilhadas com RI, ao longo de sua elaboração*). Seu arquivamento é sempre acompanhado pelo **Parecer dos Auditores Independentes** e do **Conselho Fiscal** (se existir), pela **Proposta de Orçamento** (se houver) e a **Declaração de Revisão e Concordância** dos Diretores.

- As **DFP's** são ainda publicadas nos jornais de grande circulação, como definidos no Estatuto Social da companhia. Necessitam ser arquivadas na CVM via software específico desta (**IPE**: Informações Periódicas e Eventuais) e na B3 (o IPE já as encaminha também à B3, automaticamente), concomitantemente com sua publicação.

INFORMAÇÕES OBRIGATÓRIAS **113**

- As **Demonstrações Financeiras obrigatórias** incluem:

  - balanço Patrimonial (BP);
  - demonstração das Mutações do PL (DMPL);
  - demonstração do Resultado do Exercício (DRE);
  - demonstração do Resultado Abrangente (DRA);
  - demonstrativo do Fluxo de Caixa (DFC); e o
  - demonstrativo do Valor Adicionado (DVA).

- O **Relatório da Administração** é parte integrante das demonstrações financeiras anuais e sua elaboração, idealmente, deve ser coordenada pelo RI, com a ajuda de outras áreas. A CVM emite uma orientação no início de cada ano sobre o conteúdo deste relatório, cujo conteúdo básico contempla:

  - a descrição dos negócios, produtos e serviços;
  - comentários sobre a conjuntura econômica geral;
  - recursos humanos;
  - investimentos, incluindo em controladas e coligadas;
  - P&D;
  - proteção ao meio ambiente;
  - mudanças administrativas e reorganizações societárias;
  - direitos dos acionistas e dados de mercado;
  - perspectivas e planos para o futuro, baseados em premissas e fundamentos objetivos.

- **Formulário de Referência (FRE)** (ver Capítulo 6): é um documento eletrônico, de encaminhamento periódico e eventual à **CVM**, como previsto no artigo 21 da Instrução **CVM nº 480/09**, cujo encaminhamento deve se dar por meio do **Sistema Empresas.NET**. É o princi-pal documento de divulgação de informações de uma companhia aberta. O **FRE** tem a função de apresentar ao mercado as informações relevantes sobre a companhia, seus negócios e atividades, dados econômicos e financeiros, a descrição de sua estrutura acionária e de sua administração, dentre outras necessárias à sua avaliação pelos investidores.

- O seu conteúdo já foi apresentado no Capítulo 6 deste livro. Deve ser atualizado: (a) anualmente, até o 31º dia do mês de maio; (b) até o 7º dia útil, contado da data de ocorrência do fato que deu causa à referida atualização, conforme definido naquela mesma instrução; e (c) na data do pedido de Registro de Oferta para distribuição pública de valores mobiliários.

- **ITR** (Informações Trimestrais): formulário e documento eletrônico que contêm as **demonstrações contábeis trimestrais da companhia**. É um importante instrumento de avaliação para os investidores e para os analistas de Research do Sell Side; deve ser apresentado e arquivado na CVM através também do programa *Empresas.Net*, em até 45 dias após o término de cada um dos três primeiros trimestres de cada ano, novamente seguindo a mesma Instrução CVM Nº480/09.

- **Fatos Relevantes** (ver Capítulo 11): a regulamentação da CVM estabelece o dever das companhias abertas de divulgarem diversas informações periódicas e **eventuais**. Dentre as informações eventuais mais importantes se destaca a divulgação de atos ou fatos denominados como **Fatos Relevantes**.

OUTRAS INFORMAÇÕES OBRIGATÓRIAS

Além das informações obrigatórias acima, há ainda as seguintes:

- **Formulário Cadastral:** que reúne informações básicas sobre o emissor, tais como jornal em que publica suas informações, setor econômico no qual atua, identificação de seus auditores independentes, identificação dos responsáveis pelo departamento de RI, dentre outras.

- **Atas de Reuniões da Administração** (do Conselho, AGO's e AGE's).

- **Valores Mobiliários dos administradores e suas negociações** (Inst. CVM nº 358).

- **Política de Negociação de Valores Mobiliários (obrigatória para Novo Mercado):** Esta política contém regras para negociação de valores mobiliários pelos acionistas controladores, diretos ou indiretos, diretores, membros do conselho de administração, do conselho fiscal e de qualquer órgão com funções técnicas ou consultivas (insiders), criado por disposição estatutária.

- **Política de Divulgação de Informações:**

  - *é um conjunto de normas, regimentos ou procedimentos internos adotados pelo emissor para assegurar que as informações a serem divulgadas publicamente sejam recolhidas, processadas e relatadas de maneira precisa e tempestiva;*

  - *deve contemplar ainda a divulgação de ato ou fato relevante adotada pelo emissor, indicando os procedimentos relativos à manutenção de sigilo acerca de informações relevantes não divulgadas.*

- **Acordos de Acionistas e Outros Pactos Societários.**
- **Estatuto Social Consolidado.**
- **Escritura de Emissão de Debêntures e Eventuais Aditamentos.**
- **Relatórios de Agências Classificadoras de Risco e suas Atualizações.**

AS INFORMAÇÕES PERIÓDICAS E EVENTUAIS

A Instrução **CVM nº 480** determina que a companhia deva enviar à CVM, por meio do **Sistema Empresas.Net**, informações periódicas e eventuais, conforme conteúdo, forma e prazos por ela estabelecidos. Abaixo seguem listados **alguns prazos** dos principais documentos a serem submetidos à CVM, periodicamente:

ITEM	DOCUMENTO	PRAZO[1]
1.	Formulário Cadastral	7 dias úteis da alteração de qualquer dos dados cadastrais.
2.	Formulário de Referência	5 meses contados da data de encerramento do último exercício social.
3.	Demonstrações Financeiras	1 mês antes da data marcada para a realização da AGO ou no mesmo dia de sua publicação, o que ocorrer primeiro.
4.	Formulário das Demonstrações Financeiras Padronizadas (DFP)	3 meses do encerramento do exercício social ou na mesma data do envio das demonstrações financeiras, o que ocorrer primeiro.
5.	Formulário de Informações Trimestrais (ITR)	45 dias contados da data de encerramento de cada trimestre.
6.	Informe sobre o Código Brasileiro de Governança Corporativa	Até 7 meses contados da data de encerramento do exercício social.

Complementando a tabela:

1. **Formulário Cadastral**: prazo de **sete dias** para envio à CVM, após alguma alteração no texto.

2. **FRE**: deve ser atualizado anualmente até cinco meses da data do encerramento do último exercício, conforme a tabela anterior. E tem ainda **sete dias de prazo** para **envio de alguma alteração referente**, quando ocorrerem, *entre outros*, aos *seguintes possíveis eventos*:

   ◦ alteração de administrador ou membro do conselho fiscal, de membro de comitê estatutário ou de membro dos comitês de auditoria, de risco, financeiro e de remuneração;

   ◦ alteração do capital social;

   ◦ emissão de novos valores mobiliários, ainda que subscritos privadamente;

---

1 Em 2020, com o advento da pandemia causada pela Covid-19, a CVM alterou alguns desses prazos provisoriamente.

INFORMAÇÕES OBRIGATÓRIAS **117**

- alteração nos direitos e vantagens dos valores mobiliários emitidos;
- alteração dos acionistas controladores, diretos ou indiretos, ou variação em suas posições acionárias que os levem a ultrapassar, para cima ou para baixo, os patamares de 5%, 10%, 15% e assim sucessivamente de uma mesma espécie ou classe de ações do emissor;
- quando qualquer pessoa natural ou jurídica, ou grupo de pessoas representando um mesmo interesse, direta ou indiretamente, ultrapassar para cima ou para baixo os patamares de 5%, 10%, 15% e assim sucessivamente de uma mesma espécie ou classe de ações do emissor, desde que o emissor tenha ciência de tal alteração;
- incorporação, incorporação de ações, fusão ou cisão envolvendo a companhia;
- alteração nas projeções ou estimativas ou divulgação de novas projeções ou estimativas;
- celebração, alteração ou rescisão de acordo de acionistas;
- decretação de falência, recuperação judicial, liquidação ou homologação judicial de recuperação extrajudicial;
- comunicação, pelo emissor, da alteração do auditor independente e;
- alteração do Diretor Presidente ou do DRI.

3. **Edital de convocação da Assembleia Geral:**

> Prazo: **quinze dias** *antes da data marcada para a sua realização* ou no mesmo dia de sua primeira publicação, o que ocorrer primeiro e, caso a assembleia conte com voto a distância, a publicação do edital deverá ocorrer com *no mínimo trinta dias de antecedência.*

4. **Documentos necessários ao exercício do direito de voto nas assembleias gerais, especiais e de debenturistas:**

> Prazo: **até a publicação do 1º Edital de Convocação**, sendo que no caso de assembleia com voto a distância, a companhia deverá publicar o mapa de votação sintético também antes da assembleia.

5. **Sumário das decisões tomadas em Assembleia Geral:**

   Prazo: no mesmo dia da Assembleia (a B3 exige que seja logo após o término dela).

6. **Apresentações corporativas:**

   Prazo: no mesmo dia da apresentação, reunião com analistas etc.

7. **Documentação com prazos de sete dias para o envio à CVM, entre outras:**

   - atas das assembleias (todas);
   - atas das reuniões do Conselho de Administração (CA) com efeitos para terceiros; idem, Conselho Fiscal;
   - estatuto social consolidado (alterações);
   - escrituras de emissão de Debêntures ou suas alterações;
   - instalação ou alteração do Comitê de Auditoria;
   - acordo de acionistas (alterações);
   - transações com partes relacionadas.

SOBRE A POLÍTICA DE NEGOCIAÇÃO:

PRINCIPAIS TÓPICOS A SEREM COBERTOS POR ESTA POLÍTICA:

- Definição de **Pessoas Vinculadas** — incluir todas, além da Administração, que tem acesso a **informações relevantes e consolidadas** da companhia.
- **Períodos de Blackout — vedação à negociação**.
- Necessidade das **Pessoas Vinculadas informarem mensalmente transações** realizadas com os valores mobiliários de emissão da companhia, ainda que *intraday*.
- Assinatura do **Termo de Adesão na posse ou contratação** de Pessoa Vinculada.
- Indicação de Corretoras autorizadas (Opcional).

SOBRE A POLÍTICA DE DIVULGAÇÃO DE INFORMAÇÕES

- A **companhia aberta** deverá **adotar Política de Divulgação** de ato ou fato relevante, *contemplando* procedimentos relativos à manutenção de sigilo acerca de informações relevantes não divulgadas.
- A Política de Divulgação deverá ser **aprovada pelo Conselho de Administração**.
- Deverá haver **adesão formal** aos termos da política em instrumento que deverá ser arquivado na sede da companhia por **até cinco anos após o desligamento da pessoa vinculada à companhia**.
- **Manutenção, na sede da companhia** e à disposição da CVM, da **relação das pessoas vinculadas à política de divulgação** e respectivas qualificações, indicando cargo ou função, endereço e número do CNPJ ou CPF.
- **A Política de Divulgação deverá ser disponibilizada por meio do IPE.**

O CONTEÚDO DESTA POLÍTICA:

Entre outros:

- Objetivo e escopo.
- Divulgação de informações *materiais*.
- Confidencialidade.
- Porta-vozes designados.
- *News Releases* e Teleconferências.
- Respondendo a rumores ou boatos.
- Lidando com projeções e orientações (*Guidance*) de resultados futuros.
- Informação esperada (*Forward Looking Statements*).
- Contatos com analistas e investidores.
- Períodos de Silêncio (*Quiet Periods*).
- Responsabilidade pela comunicação eletrônica.

CONSIDERAÇÕES SOBRE REUNIÕES INDIVIDUAIS OU *ONE-ON-ONE MEETINGS*

Essas reuniões são encontros, presenciais ou por outros meios de comunicação, no país ou no exterior, individualmente ou em pequenos grupos, com analistas, profissionais de investimento em geral, acionistas, investidores institucionais, mídia e outros grupos que a companhia entenda ser importante para suas atividades. Com relação a essas reuniões é especialmente importante observar os seguintes pontos:

- **Inserir na Política de Divulgação de Informações** ao Mercado instruções **específicas sobre Reuniões Restritas**: quem são os representantes oficiais da empresa, conduta durante as reuniões, temas aceitáveis ou não, períodos de realização etc.

- **Evitar a proliferação de Reuniões Restritas realizadas por pessoas não autorizadas**, temáticas inadequadas, fornecimento de dados ou números gerenciais não comprováveis e não contábeis, entre outros!

- **A Política deve determinar que a Área de RI da companhia seja sempre o principal contato** e o interlocutor preferencial da companhia com os representantes do mercado.

- **Caso uma divulgação involuntária sobre** *fato relevante não público* **tenha ocorrido**, no Brasil ou no exterior, **durante uma Reunião Restrita**, deve ser feita a sua **divulgação imediata**, **homogênea** e **simultânea** aos órgãos reguladores, às bolsas de valores em que os valores mobiliários da companhia sejam listados, ao mercado em geral — inclusive para as agências especializadas em comunicação financeira, bem como no **site** de RI da companhia, nos termos da **Instrução CVM nº 358**.

- Nas Reuniões Restritas, os comentários sobre o desempenho da companhia devem concentrar-se nas **informações divulgadas anteriormente**, e procurar focar o longo prazo.

- **Devem ser destacadas** informações relativas à estratégia, a dados operacionais e setoriais, missões, metas, filosofia de administração, tendências dos negócios, vantagens e desvantagens competitivas.

- Em Reuniões Restritas só devem ser abordadas projeções de resultados, *quando elas tenham sido divulgadas e arquivadas anteriormente*.

- Os demais comentários apresentados pela companhia devem se basear nos Relatórios Contábeis sobre os trimestres anteriores **já arquivados devidamente e amplamente divulgados**.

- Durante Reuniões Restritas a companhia deve **se abster de comentar** *rumores de mercado* ou notícias infundadas.

AS REGULAMENTAÇÕES ESPECÍFICAS DA BOLSA B3

MANUAL DO EMISSOR DA B3:

Objetivos: sobre procedimentos, critérios técnicos e operacionais relativos a:

- **Autorização, manutenção e cancelamento da listagem** de emissores, bem como a migração de emissores entre os mercados organizados administrados pela B3 ou **entre os segmentos de listagem**.

- **Negociação de valores mobiliários** nos mercados organizados administrados pela B3, bem como a sua *retirada, suspensão e exclusão*.

REGULAMENTOS DE LISTAGEM NA B3:

Objetivos:

- Disciplinar os **requisitos mínimos** para ingresso, permanência e saída das Companhias dos segmentos especiais de listagem da B3.

- Determinar as **obrigações das companhias** no seu respectivo segmento de listagem e regulamentar a aplicação de eventuais sanções.

O CALENDÁRIO ANUAL DA B3

- A companhia deverá **enviar à B3 e divulgar, até 10 de dezembro de cada ano, o calendário anual para o ano civil seguinte**, contendo, no mínimo, menção e data dos atos e eventos societários, da reunião pública com analistas e da divulgação das informações financeiras do ano civil seguinte, conforme modelo divulgado pela Bolsa.

- **Alterações** das datas constantes do calendário anual deverão ser comunicadas à Bolsa e divulgadas com, no mínimo, **cinco dias** de antecedência da data prevista para o evento.
- **Caso não seja possível** cumprir esse prazo de antecedência, além da reapresentação do calendário anual, deverá ser divulgado **comunicado ao mercado** informando as causas dessa modificação.
- A B3 poderá, em casos devidamente justificados, estabelecer formas e prazos diferenciados para a divulgação das informações.

OBSERVAÇÕES GERAIS E FINAIS:

- As companhias devem enviar, simultaneamente, à CVM e à entidade na qual os valores mobiliários sejam negociados (por exemplo, B3) as informações relativas ao cumprimento das obrigações periódicas e eventuais estabelecidas na legislação societária (Art. 13 da **ICVM 480**).
- As informações devem ser mantidas à disposição dos investidores na sede da companhia, por três anos a contar da data da divulgação (Art. 13, §1º da **ICVM 480**).
- Companhias registradas na categoria A deverão manter as informações disponíveis em página específica de relações com investidores na rede mundial de computadores (Art. 13, §3º da **ICVM 480**).
- O atraso na entrega das informações obrigatórias implica o pagamento de multas cominatórias diárias (R$1 mil/dia), nos termos da **ICVM 608/19**.

8

O PROGRAMA DE RI

Na prática, para o gestor da área de RI na empresa, o desenho de um **Programa de RI anual e plurianual** se constitui na sua ferramenta mais eficiente para:

- Desenhar as estratégias de trabalho para o ano.
- Planejar e acompanhar as atividades a serem desenvolvidas.
- Definir o Calendário de Eventos, tais como:

  - *Divulgações de Resultados;*
  - *datas para as Conference Calls (Webcast) para a Divulgação dos Resultados;*
  - *datas para os eventos previstos interna e externamente, tais como:*

    - participação em conferências, no Brasil e no exterior;
    - "the company's day";
    - "site visits";
    - roadshows missionários;
    - etc.

- Dimensionar e justificar o tamanho de sua equipe.
- Definir a contratação (ou não) de Consultoria externa em RI.
- Distribuir as tarefas entre seus elementos (inclusive planejamento das férias).
- Estabelecer Metas Quantitativas e Qualitativas para a equipe.
- Definir como mensurar seus resultados.

- Planejar pesquisas qualitativas ou "Perception Studies", de um a dois por ano, com apoio de Consultoria externa em RI.
- Planejar avaliações anuais e pesquisas comparativas (Benchmarkings), cerca de uma a cada dois a três anos, com o apoio de Consultoria externa em RI.
- Avaliar Pessoas, Práticas, Processos e Políticas — anualmente.
- Planejar Workshops de atualização e aperfeiçoamento da equipe.
- Orçar os custos da Área de RI.

Em função da abrangência multidisciplinar das atividades de RI, o Programa é um elemento de grande valia para o sucesso da companhia no seu relacionamento com o mercado de capitais. Assim, o Programa deve definir os objetivos da área, identificar suas tarefas básicas, selecionar as prioridades internas e externas, organizando-as no tempo (datas, prazos, eventos estratégicos e/ou mais importantes).

Essas definições, claras e objetivas, tornarão o Programa uma base sólida e realista para as atividades de RI. **Em especial para novas empresas**, empresas recém-listadas ou para *áreas de RI recém-criadas*. Ou seja: o desenvolvimento do Programa de RI deve se constituir também num dos primeiros passos para a montagem e implantação da área.

Um Programa de RI eficiente é também a melhor base para o desenvolvimento do **planejamento orçamentário** do setor, permitindo a identificação de **metas quantitativas e qualitativas** para a **mensuração do nível de sucesso alcançado em cada período**, podendo (e devendo) ser associado aos critérios de **remuneração variável** dos executivos da diretoria e gerências de RI.

Um Programa de RI equivale, portanto, ao *planejamento estratégico da área*. Este seleciona e define as *prioridades* daquele exercício, sempre em direta correlação com os objetivos corporativos. Dessa forma, as bases do Programa devem:

- **Refletir a visão corporativa**, a estratégia dos negócios e as prioridades da companhia como um todo.
- Ser desenvolvidas internamente **com a alta direção** para serem sempre apoiadas por esta (apoio "top-down").
- Se basear em metas e objetivos mensuráveis — qualitativa ou quantitativamente — ou ambos.

O objetivo central do Programa de RI deve ser o de planejar e estabelecer previamente não só a estratégia, como também *as atividades a serem desenvolvidas* em relação **à comunicação e à convivência com o mercado de capitais**: Investidores, Bancos, Analistas, Bolsas, Agências de Risco, Órgãos Reguladores, Mídia Especializada e outros públicos indiretos, mas igualmente relevantes.

A matéria-prima central do Programa será sempre uma gama muito grande de informações (que tenderão a crescer com o tempo), o que obrigará a interação permanente da área de RI com um número significativo de setores, gerências e diretorias da empresa.

CHECKLIST SUGERIDO
PARA UM PROGRAMA DE RI:

- Estabelecer **Metas e Objetivos** mensuráveis.
- **Estabelecer um calendário para as atividades de RI** a serem desenvolvidas, tais como:

  - atividades administrativas;
  - desenvolvimento e aprovação da Política de Divulgação e Transparência da companhia;
  - designar os porta-vozes da empresa;
  - planejar a aproximação e o desenvolvimento de contatos nas Bolsas, CVM, Banco Custodiante e Depositário etc.;
  - marcar as reuniões e apresentações periódicas e anuais;
  - desenvolver os canais de comunicação a serem utilizados (flyers/alerta por e-mail/releases/relatórios anuais etc.);
  - desenvolver e aprovar o site específico de RI;
  - desenvolver a Apresentação Corporativa;
  - marcar as Conference Calls e apresentações webcasts;
  - planejar e desenvolver um Banco de Dados interativo dos contatos (definir software etc.);

- planejar e desenhar as atividades voltadas para os investidores individuais;
- montar o setor interno ou "Departamento dos Acionistas Individuais";
- desenvolver e aprovar a malha interna e o fluxo de coleta de informações (definindo setores e pessoas responsáveis dentro da organização);
- planejar as atividades de pesquisa sobre o setor (inclusive acompanhamento dos relatórios do Sell Side);
- planejar as atividades de inteligência de mercado, de *Peer Analysis* (concorrência) e desenhar seus relatórios;
- desenvolver um Modelo de Previsão de Resultados próprio, internamente;
- desenvolver o "kit de informações" para analistas & investidores;
- definir os critérios de guidance — idealmente não financeiros (!);
- planejar as atividades de Targeting para o Buy Side;
- definir as consultorias externas que serão usadas, provedores de serviços para conferências telefônicas, webcast e wire-services — para as divulgações;
- definir e planejar a realização de Estudos de Percepção (dentro do mercado);
- estabelecer programas de treinamento para a equipe (em RI e em conhecimentos do setor da empresa, entre outros);
- planejar o "Company's Day" anual;
- planejar os Roadshows "missionários" no Brasil e no exterior;
- desenvolver Plano de Comunicação para Crises;
- elaborar e aprovar o Orçamento Anual de RI, incluindo as despesas com viagens nacionais e internacionais;
- desenvolver e definir as metas qualitativas e quantitativas a serem alcançadas e utilizadas nos programas de remuneração da equipe.

A seguir, alguns **exemplos de metas** para a mensuração do sucesso do Programa de RI e do próprio setor. Estas podem e devem ser enriquecidas por meio de Estudos de Percepção trimestrais (com os analistas e investidores) e de Pesquisas de Mercado, Benchmarking, anuais.

METAS QUANTITATIVAS:
- Aumento do número de analistas cobrindo a empresa.
- Aumento do número de investidores.
- Aumento dos volumes de trading.
- Melhoras no mix de investidores.
- Redução da volatilidade nos preços dos papéis da empresa.
- Aumento da liquidez dos papéis.
- Aumento do número de investidores individuais.
- Aumento do número de analistas satisfeitos com o atendimento da área.
- Idem, investidores institucionais.
- Idem, investidores pessoas físicas.
- Atração de investidores estrategicamente importantes, como resultado do targeting.
- Realização de eventos como planejado.
- Aumento do número de eventos para o mercado.
- Divulgações periódicas, sem atrasos, nas datas previstas.

METAS QUALITATIVAS:
- Melhoras no processo de divulgação confirmadas por Estudos de Percepção ou Pesquisas de Mercado.
- Idem, *Releases/Conference Calls/Relatório Anual* etc.
- Idem, Melhoras apontadas no site de RI.
- Idem, Melhoras na qualidade das informações prestadas.
- Metas definidas após benchmarking com empresas do setor — no país e/ou no exterior.
- Melhorias na qualidade obtida nos relatórios do Sell Side.

CONCEITOS BÁSICOS E SUGESTÕES PARA UM ORÇAMENTO DE RI

O orçamento de uma área de RI deve se desenvolver como parte do Programa de RI da área. O quanto você poderá alcançar não dependerá apenas dos recursos disponíveis, mas estará intimamente relacionado ao seu orçamento. A seguir, um guia inicial para o preparo do orçamento da sua área de RI, com as despesas ou investimentos, em geral, necessários:

ASSESSORIAS E CONSULTORIAS DE RI

- **Serviços de tecnologia da informação** (incluindo):

  - *manutenção de softwares;*
  - *leasing de softwares/hardwares;*
  - *manutenção do site de RI;*
  - *serviços de notícias e informações: Econométrica, Bloomberg, etc.;*
  - *serviços de Tecnologia para Comunicação com o Mercado;*
  - *serviços de "Printers"(Arquivamentos & Compliance à CVM, entre outros);*
  - *AGO's e AGE's: serviços de tecnologia de voto a distância.*

- **Telecomunicações** (incluindo):

  - *telecom voz (conferências telefônicas etc.);*
  - *telecom webcast;*
  - *videoconferências.*

- **Sistematização de arquivos** (CRM's de RI).
- **Materiais de escritório**, impressos e reprodução.
- **Viagens e conferências:**

  - *passagens, hotéis e despesas com viagens e Roadshows no país e no exterior.*

- **Transporte local e alimentação**.

- **Feiras e eventos, incluindo um ou dois grandes eventos anuais:**

  - *locações de espaços;*
  - *locações de equipamentos;*
  - *custos da divulgação webcast;*
  - *brindes para investidores etc.*

- **Despesas com pesquisas de *Targeting*.**
- **Despesas com Pesquisas de Mercado (*Perception Studies*).**
- **Anúncios e publicações.**
- **Relatório Anual e flyers.**
- **Publicações legais.**
- **Bolsas de Valores e despesas correlatas de listagens.**
- **CVM, SEC etc.**
- **Serviços de custódia de ações.**
- **Entidades de classe (Abrasca/IBRI/Apimec etc.).**
- **Despesas com treinamentos e aprimoramento profissional,** inclusive *media training*.

Obs.: Custos da Publicação em jornais de Fatos Relevantes, dos Relatórios da Administração etc., devem ficar — idealmente — com a Controladoria ou o Jurídico.

SUGESTÕES GERAIS PARA O ORÇAMENTO ANUAL

- **Mantenha arquivos de acompanhamento de seus orçamentos anuais**; esses relatórios serão muito valiosos para a montagem e a aprovação de orçamentos anuais futuros.
- ***Busque informações na internet*** tais como pesquisas realizadas por bancos depositários, NIRI, IBRI e outros sobre os valores normalmente orçados para RI por outras empresas.

- Faça um **benchmark** de tempos em tempos com a área de RI de outras empresas, de preferência do mesmo segmento que o seu.

- **Para cada custo ou despesa**, tenha sempre a **Memória de Cálculo** disponível, de forma a poder "defender" cada linha de seu orçamento com segurança, especialmente se for um item novo ou relativamente grande em comparação com o resto do orçamento.

- Da mesma forma, faça **relatórios dos progressos alcançados** para suas principais metas. Ao defender seu orçamento internamente, *os resultados positivos alcançados sempre falam mais alto* do que estimativas ou conjecturas.

- Procure se *alinhar-se às expectativas da sua chefia e em relação ao momento* da companhia. **Se a hora é de contenção, evite o desgaste** de aparecer com um orçamento maior do que os anteriores. Lembre-se: nestas horas, "o ótimo é inimigo do bom".

- **Tenha bom senso.** Mas não perca a visão do que é realmente necessário para um bom trabalho, *mesmo nas fases de redução de despesas*.

A NOVA "ARQUITETURA DA COMUNICAÇÃO"

Programa de Comunicação Integrada e de Relacionamentos

Benchmarking	Montagem da Área	Processos & Fluxos de Informação e Divulgação	Sistemas e Meios de Comunicação
Estudos comparativos, Pesquisas Pontuais e de Mercado	Definição de Equipe, Recrutamentos e o Desenvolvimento de Competências	Políticas & Responsabilidades	Apresentações, *site (Inst. & RI)*, Tecnologia & Pessoas

Decisões do Conselho de Administração e de Governança Corporativa

Princípios corporativos estabelecidos e práticas de alinhamento entre orientação estratégica definidas pelo CA e gestão executiva (diretoria e áreas subordinadas).

Prestação de Contas (*accountability*)	Transparência	Equidade	Responsabilidade Corporativa (Sustentabilidade)

Adaptação de original do Prof. Valter Varia

9

A DIVULGAÇÃO DE INFORMAÇÕES VOLUNTÁRIAS E QUIET PERIODS

É o Mercado quem determina o preço de uma **ação**. Os preços das ações, por sua vez, refletem as expectativas do Mercado. Ou seja: o preço corrente de um título imobiliário reflete a análise atual do comportamento econômico e financeiro futuro do seu emissor. São vários os fatores que influenciam o "sentimento" do Mercado e suas expectativas. Dentre eles, podemos citar, por exemplo:

- O cenário macroeconômico atual.
- O cenário para a indústria ou segmento, atual e projetado.
- O cenário específico para a empresa a curto, médio e longo prazo.
- O cenário relativo ao setor da companhia e à concorrência.
- O comportamento atual do Mercado, em geral.

A questão fundamental para os analistas e investidores é a de "Quanto vale a Empresa" sob análise. A resposta mais frequente se obtém pelo cálculo do seu "Valuation" — obtido através da terminação do seu VPL (Valor Presente Líquido) dos Fluxos de Caixa Futuros gerados pelos negócios da empresa.

Portanto, as informações sobre a companhia serão sempre a base da criação de seu próprio valor. Por essa razão, o RI deve buscar obter e concatenar, além das informações obrigatórias, as informações de qualidade, diferenciadoras e os "*value drivers*" de sua companhia. São elas que levam à compreensão do **valor intrínseco** de uma empresa.

OS BENEFÍCIOS DE UMA BOA DIVULGAÇÃO

- Ação tende a ser precificada pelo valor justo.
- Menor risco = menor custo de capital!
- Redução das incertezas.
- Maior confiança por parte dos investidores.
- Percepções mais precisas da empresa pelo mercado.
- Crescimento da base de acionistas por investidores de perfil de longo prazo.
- Aumento da credibilidade do *management*.
- Redução de informações errôneas sobre a empresa e diminuição de boatos.
- Aumenta a chance de se atingir uma maior cobertura por parte dos analistas de Sell Side.

ENTRE AS INFORMAÇÕES ESPONTÂNEAS E DE QUALIDADE NÃO PODEM FALTAR:

- Modelo de Negócio e Estratégia de Crescimento.
- Criação de valor: receita, fluxo de caixa, capacidade de gestão.
- Informações diversas que ajudem a entender o perfil de risco da empresa (taxa de desconto): portfólio de produtos & serviços; vantagens competitivas; estrutura de capital e perfil do endividamento etc.
- Receitas de novos produtos/P&D (pipeline de inovação).
- Como a empresa pretende crescer — aquisições/penetração em novos mercados.
- Aquisições — detalhar as oportunidades de sinergia, iniciativas de integração e resultados esperados.

O RI E O PROCESSO DE "DISCLOSURE"

Disclosure, em finanças, é qualquer divulgação deliberada de informação da empresa para o mercado, seja quantitativa ou qualitativa, requerida ou voluntária, via canais formais ou informais. O *disclosure* tem, dentre outros objetivos, a finalidade de **maximizar o valor para os acionistas** ao colocar ao alcance do investidor os fatores necessários à avaliação racional do valor das ações (ou outros títulos) de uma empresa, levando-se em conta o custo de oportunidade e o prêmio pelo risco.

Em uma economia globalizada, na qual não só empresas como também países competem pela atração de capital, o **adequado fluxo de informações ao público** passa a ser pressuposto básico de funcionamento eficiente do Mercado de Capitais.

Entende-se como um Mercado eficiente aquele no qual todos os participantes possuem acesso de forma ampla, equânime, concomitante e transparente às informações. E naquele, portanto, em que os preços dos ativos negociados reflitam (*todas*) as informações disponíveis.

INFORMAÇÃO PODE SER DEMAIS?

- **Pode! Pois:**

  - Mais Roadshows, mais mídia; mais apresentações; mais cidades; mais viagens; *mais "prêmios"* levam a mais custos; mais tempo gasto; mais riscos de contradições…
  - Que levam a desgastes de Imagem, que ocasionam desgastes na credibilidade para quem realmente interessa.
  - Portanto, cuidado: é também útil e necessário definir-se o "suficiente".

A POLÍTICA DE DIVULGAÇÃO DE INFORMAÇÕES DA CVM EM RELAÇÃO À DISSEMINAÇÃO DE INFORMAÇÕES

É importante assegurar o fácil acesso às informações disponíveis, **sem qualquer forma de privilégio**. É recomendável que todas as informações espontaneamente divulgadas pelas empresas, além das exigidas por força de leis e normas, tais como, apresentações realizadas em reuniões para analistas de mercado e

Roadshows, perguntas e respostas efetuadas nesses eventos, palestras de administradores feitas para qualquer público e que contenham informações úteis ao processo de decisão de investimento, sejam colocadas à disposição do público e da CVM mediante a utilização do site de RI da companhia.

AS INFORMAÇÕES COMPLEMENTARES E VOLUNTÁRIAS

A **excelência de um Programa de RI** envolve, **além da divulgação das informações obrigatórias já** descritas no Capítulo 7, um conjunto de **informações voluntárias**, cujo planejamento também deve estar presente na lista de *prioridades* das atividades de RI. Entre os exemplos de **informações voluntárias importantes** e requeridas pelo mercado, podemos mencionar:

- *Os Releases de resultados trimestrais.*
- **Apresentações corporativas.**
- **Teleconferências (webcasts), para comentar os resultados trimestrais.**
- **O próprio site de RI.**
- *Avisos ao Mercado (mesmo quando não obrigatórios, mas importantes).*
- *Relatórios Anuais.*
- *Relatório Integrado (de responsabilidade socioambiental, ESG — ver Capítulo 4).*
- *Políticas da empresa.*

O RELEASE FINANCEIRO

O **Release Financeiro da companhia é** uma informação voluntária, mas de máxima importância. Deve ser redigido em linguagem clara, compreensível e confiável, evitando que o investidor e demais públicos estratégicos da companhia sejam levados a erros por interpretação inadequada das informações disponibilizadas.

A divulgação dos Releases Financeiros deve obedecer sempre aos princípios de abrangência e de simultaneidade, garantindo a disponibilização das suas informações de forma igualitária, em tempo e conteúdo, em português e em outros idiomas com demanda relevante para a companhia. As empresas abertas devem enviar esses releases a toda comunidade financeira, utilizando para isso as ferramentas de tecnologia mais adequadas e disponíveis para a comunicação com o mercado, além de disponibilizá-los no seu site de RI.

Para viabilizar a divulgação adequada de seus releases, a área de RI precisa dedicar continuamente esforços adequados para assegurar a existência e a atualização contínua do CRM ou Mailing List de RI. Esse objetivo é muito facilitado, novamente, com a contratação da tecnologia adequada. O CRM ou Banco de Dados de RI de uma companhia aberta é fundamental para o seu adequado relacionamento com o mercado de capitais. O release deve conter também o endereço eletrônico e o telefone de acesso da área de RI da companhia, para facilitar o acesso de eventuais interessados em confirmar ou esclarecer o teor de alguma informação. São exemplos de informações que devem ser tratadas como *merecedoras* de "divulgação imediata" através de releases:

- Os resultados anuais e trimestrais.
- Outros:
  - *anúncios de dividendos;*
  - *fusões, aquisições;*
  - *guidance;*
  - *ofertas de compra de ações;*
  - *compra de ativos relevantes;*
  - *desdobramento de ações;*
  - *mudanças importantes na direção da companhia;*
  - *informações sobre novos produtos e serviços;*
  - *assinatura de contratos estratégicos;*
  - *planos de expansão;*
  - *adicionalmente: eventos agendados, prêmios recebidos, novas parcerias importantes, novas descobertas, novos produtos e todas as questões substantivas de natureza não usual ou não recorrente.*

Antes da sua divulgação, a companhia deverá **arquivar os Releases Financeiros previamente via sistema IPE, na CVM**. Desta forma, assegurando tratamento equitativo e igualitário de informações aos seus investidores e às demais partes interessadas. Além disso, a companhia deve ter como meta principal assegurar que as informações divulgadas por meio de release sejam tratadas dentro de uma *perspectiva adequada*. Isso demanda *comedimento*, bom discernimento, respeito aos fatos e às respectivas partes envolvidas.

Eventuais informações *desfavoráveis* à companhia devem ser **igualmente divulgadas** por meio de releases, com a mesma presteza e franqueza que as informações consideradas favoráveis. A relutância ou a não disposição em divulgar um episódio negativo ou a tentativa de disfarçar informações desfavoráveis podem comprometer o conceito de transparência e a credibilidade da administração da companhia, impactando também a sua reputação corporativa. A divulgação de Releases Financeiros deve ser feita ao mercado e à mídia em geral com a indicação **Para Divulgação Imediata** — antes da abertura ou depois do fechamento do mercado.

O "FLUXO INTERNO DE INFORMAÇÕES" PARA RI

Para viabilizar a "montagem" trimestral e anual do Release Financeiro, o **Fluxo Interno de Informações para RI** precisa estar definido e funcionando com regularidade. A área de RI precisa receber a cada trimestre e ao término do exercício contábil, com a devida antecedência, os seguintes dados, *entre outros*:

- Os **números contábeis** e **gerenciais** *preliminares* e finais referentes ao trimestre encerrado — da **área de Contabilidade** (em *reuniões intermediárias e finais*).
- As informações de **produção**; **produtividade** e **investimentos** — das áreas operacionais.
- Os resultados de vendas e exportações do período — da área comercial.

Obs.: os volumes de vendas e as receitas de vendas do período (a forma e o conteúdo dessas informações devem ser aprovados pela Diretoria Comercial da companhia, previamente).

- Informações sobre os **lançamentos de novos produtos**: das áreas de marketing, P&D ou de novos negócios.

- Informações sobre o **Perfil da Dívida**: dívidas atuais; amortizações e novos financiamentos — informações da área Financeira (Tesouraria).

- Atualizações sobre a **Estratégia da companhia**: em reuniões com o C-Level e a área de planejamento estratégico.

- Entre outros específicos da empresa e do trimestre em curso.

O CONTEÚDO PRINCIPAL DO RELEASE FINANCEIRO

Entre as **seções mais importantes** de um Release Financeiro trimestral ou anual, podemos listar as seguintes:

1. A **Mensagem da Administração**.

2. O **Cenário Macroeconômico e Setorial**, por segmento de atuação.

3. **Desempenho operacional:** dados de produção e produtividade, por segmento de atuação.

4. **Desempenho comercial:** vendas por produto, novos clientes, market shares, estratégias de marketing e de vendas etc.

5. **Desempenho financeiro:** quadro de dados financeiros selecionados e explicações sobre cada linha da DRE e do Balanço Patrimonial (este, opcional).

6. **EBITDA:** evolução e margem e sua fórmula.

7. **Perfil da Dívida:** dívida líquida, custo e prazos de amortização.

8. **Investimentos** (CAPEX) ao longo do tempo.

9. **Anexos — com tabelas financeiras, gráficos de evolução e análises das variações entre períodos. Obs.: Os períodos de comparação são:**

   ○ *trimestre em curso vs. trimestre do ano anterior;*

   ○ *trimestre em curso vs. trimestre anterior;*

   ○ *acumulado no ano vs. acumulado no ano anterior;*

Conteúdos complementares

10. *Fluxo de caixa.*

11. *Informações ESG.*

12. *Estrutura societária.*

13. *Desempenho das Ações no Mercado de Capitais.*

14. *Eventos Subsequentes.*

15. *Guidance eventual: alinhamento do resultado do trimestre com o guidance previamente fornecido. (Manutenção das premissas e indicadores do guidance ou atualizá-los devidamente.)*

16. *Glossário.*

17. *Outros específicos do trimestre.*

A "PÁGINA DE ROSTO" DE UM RELEASE

A página de rosto pode ser apresentada da seguinte forma:

- **Título**, que sumarize o **principal destaque do trimestre**.

  (em estilo de **Manchete/Headline**);

- **Parágrafo de apresentação**, contendo: o(s) ticker(s) na(s) Bolsa(s) de Valores em que seus valores mobiliários são negociados, práticas contábeis usadas, períodos comparativos apresentados, breve descrição da companhia, moeda de referência (ex.: R$ mil).

- **Destaques do Trimestre & Sumário Executivo.**

- **Rodapé ou lateral de página, com:**

  - *cotação na data (ou véspera) da divulgação, nas respectivas bolsas de negociação;*

  - *total de ações;*

  - *valor de mercado;*

  - *informações sobre datas e horários das teleconferências (webcast);*

  - *endereço do site de RI;*

  - *contatos da equipe de RI e site de RI.*

- **Mensagem da Administração para o Trimestre.**
- **Eventos subsequentes e marcantes.**

OS "PERÍODOS DE SILÊNCIO"

Quando a empresa enviar comunicados sobre a divulgação de resultados e/ou sobre a realização de teleconferências, deve informar claramente se utiliza ou não o **Período de Silêncio**. E informar ainda qual a sua duração usual e se continua ou não atendendo ao mercado para questionamentos sobre outros assuntos já arquivados e públicos.

OBSERVAÇÕES QUANTO À DIVULGAÇÃO DO PERÍODO DE SILÊNCIO:

- Divulgar ao mercado e colocar no seu site *se usa ou não o Período de Silêncio* antes da Divulgação Pública das Demonstrações Financeiras **e quais as suas características**.

- As **informações usuais**, que não dizem respeito diretamente às demonstrações contábeis **devem continuar a ser divulgadas normalmente ao mercado (*business as usual*)**.

- Podem ser necessários *Períodos de Silêncio* **antes** de *Fatos Relevantes*. E, como já mencionado, é importante *manter-se um controle de todos os profissionais, internos e externos, que têm acesso a informações confidenciais e de caráter sigiloso* da companhia. Todos precisam ser informados a respeito do início de um eventual Quiet Period.

- **Excepcionalmente, em casos de vazamento involuntário de informações** não públicas ainda e quando da ocorrência de casos atípicos ou fortuitos e a fim de *equalizar as informações ao mercado*, a empresa deve informar à CVM e divulgar os dados vazados o *mais rápido possível*, via *Fato Relevante*.

10
ASSEMBLEIAS GERAIS ("AGO'S E AGE'S")

A Assembleia Geral pela **Lei nº 6.404/1976** possui "**poderes para decidir todos os negócios relativos ao objetivo da companhia e tomar resoluções que julgar convenientes à sua defesa e desenvolvimento**". Ela é organizada pela reunião dos acionistas da companhia obedecendo às exigências dessa lei e o estatuto social da empresa.

O direito de participar das Assembleias Gerais é assegurado a todos os acionistas; inclusive àqueles sem direito de voto, que — embora não possam participar da votação — poderão comparecer ao encontro para participar das discussões previstas.

Assembleia Geral pode ser Ordinária ou Extraordinária, a depender do tipo de matéria que será votada. A sua convocação deve ser feita **quinze dias antes, com três dias consecutivos de publicação**, no caso de **AGE**.

A convocação e disponibilização dos documentos (*incluindo Boletim de Voto a Distância*) **para a AGO de aprovação de resultado do exercício** devem ser feitas com **trinta dias de antecedência** e a AGO realizada **até o dia 30 de abril de cada exercício** subsequente.

A Lei nº 6.404/1976 foi alterada para permitir aos acionistas de companhias abertas a possibilidade de **participar a distância das Assembleias**. Em 2015, a CVM editou a Instrução **CVM nº 561**, alterando as Instruções CVM nº 480 e nº 481, e estabeleceu o **Boletim de Voto a Distância (BVD)**. A **Instrução da CVM nº 622** trouxe ainda mais flexibilidade para a Instrução nº 481, **permitindo a realização de assembleias híbridas ou 100% digitais**.

O voto pode continuar sendo pelo BVD ou ocorrer na hora — não há restrição de plataforma a ser utilizada ou ao modo de cômputo dos votos. A ata da Assembleia e o Mapa de Votos devem ser disponibilizados no mesmo dia de sua realização, não importa se presencial, híbrida ou digital.

A pandemia da Covid-19 motivou a publicação de Medida Provisória 931/20 para alterar a Lei das SA em relação, principalmente, a obrigatoriedade de AGO física, na sede da companhia, e do prazo de quatro meses a contar do fim do exercício social para sua realização. A MP 931 se transformou na Lei 14.030/20.

Caso seja admitida a participação a distância por meio de sistema eletrônico, deve constar no anúncio de convocação de assembleias, obrigatoriamente, informações detalhando as regras e os procedimentos sobre como os acionistas poderão participar e votar a distância na assembleia, incluindo informações necessárias e suficientes para acesso e utilização do sistema informatizado adotado pela companhia, e a informação adicional se a assembleia será realizada parcial ou exclusivamente de modo digital.

Adicionalmente, o anúncio de convocação deve listar os documentos exigidos para que os acionistas sejam admitidos à assembleia. A companhia pode solicitar o depósito prévio dos documentos mencionados no anúncio de convocação em até dois dias antes da data de realização do encontro.

MATÉRIAS DE COMPETÊNCIA EXCLUSIVA DAS ASSEMBLEIAS GERAIS

- A reforma do estatuto social.
- A eleição ou destituição de conselheiros de administração e fiscais da companhia.
- A definição da remuneração global dos administradores e dos membros do conselho fiscal.
- A deliberação acerca das contas dos administradores e das demonstrações financeiras por eles apresentadas (que devem ser primeiro apreciadas pelo conselho e encaminhadas à AGO).
- A suspensão do exercício dos direitos do acionista.

- A avaliação dos bens com que o acionista concorrer para a formação do capital social.
- A transformação, fusão, incorporação e cisão da companhia, sua dissolução e liquidação.
- A autorização a administradores para confessar falência e pedir recuperação judicial.
- A redução do capital social; dentre outros.

São *considerados presentes* na Assembleia os acionistas:

- que nela compareçam fisicamente;
- cujo BVD seja considerado válido pela companhia; ou,
- que tenham registrado a sua presença no sistema eletrônico de participação, se disponibilizado pela companhia.

A companhia computará votos conforme:

- O mapa analítico das instruções de voto recebidas pelo escriturador.
- O mapa analítico com base nos BVD's recebidos diretamente dos acionistas.
- A manifestação de voto apresentado pelos acionistas presentes.
- São *desconsiderados os BVD's* de acionistas que:
  - comparecerem fisicamente e desejarem exercer o voto presencialmente;
  - optarem por votar por meio de sistema eletrônico, se disponibilizado pela companhia, mas não sejam elegíveis para votar.

11

ATOS OU FATOS RELEVANTES

A Instrução CVM **358/2002**, em seu artigo 2º, define como **Ato** ou **Fato Relevante** qualquer decisão de acionista controlador, deliberação de Assembleia Geral ou dos órgãos de administração da companhia aberta, ou qualquer outro ato ou fato de caráter administrativo, técnico, negocial ou econômico-financeiro ocorrido ou relacionado aos seus negócios que possa influir de modo ponderável:

1. **Na cotação dos valores mobiliários** de emissão da companhia aberta ou a eles referenciados.

2. **Na decisão dos investidores de comprar, vender ou manter** aqueles valores mobiliários.

3. **Na decisão dos investidores de exercer quaisquer direitos** inerentes à condição de titular de valores mobiliários emitidos pela companhia ou a eles referenciados.

A mesma Instrução cita como *exemplos de atos ou fatos potencialmente relevantes*:

- Assinatura de acordo ou contrato de transferência do controle acionário da companhia, ainda que sob condição suspensiva ou resolutiva.

- Mudança no controle da companhia, inclusive através de celebração, alteração ou rescisão de acordo de acionistas.

- Celebração, alteração ou rescisão de acordo de acionistas em que a companhia seja parte ou interveniente, ou que tenha sido averbado no livro próprio da companhia.

- Ingresso ou saída de sócio que mantenha, com a companhia, contrato ou colaboração operacional, financeira, tecnológica ou administrativa.
- Autorização para negociação dos valores mobiliários de emissão da companhia em qualquer mercado, nacional ou estrangeiro.
- Decisão de promover o cancelamento de registro de companhia aberta.
- Incorporação, fusão ou cisão envolvendo a companhia ou empresas ligadas.
- Transformação ou dissolução da companhia.
- Mudança na composição do patrimônio da companhia.
- Mudança de critérios contábeis.
- Renegociação de dívidas.
- Aprovação de plano de outorga de opção de compra de ações.
- Alteração nos direitos e vantagens dos valores mobiliários emitidos pela companhia.
- Desdobramento ou grupamento de ações ou atribuição de bonificação.
- Aquisição de ações da companhia para permanência em tesouraria ou cancelamento, e alienação de ações assim adquiridas.
- Lucro ou prejuízo da companhia e a atribuição de proventos em dinheiro.
- Celebração ou extinção de contrato, ou o insucesso na sua realização, quando a expectativa de concretização for de conhecimento público.
- Aprovação, alteração ou desistência de projeto ou atraso em sua implantação.
- Início, retomada ou paralisação da fabricação ou comercialização de produto ou da prestação de serviço.
- Descoberta, mudança ou desenvolvimento de tecnologia ou de recursos da companhia.
- Modificação de projeções divulgadas pela companhia.
- Impetração de concordata, requerimento ou confissão de falência ou propositura de ação judicial que possa vir a afetar a situação econômico-financeira da companhia.

Todas as **informações sobre Ato ou Fato Relevante** da companhia devem ser **centralizadas na pessoa do DRI** que é o **principal responsável pela divulgação e comunicação** de ato ou Fato Relevante. Cabendo aos acionistas controladores, diretores, membros dos conselhos de administração, conselho fiscal e dos demais órgãos criados por disposição estatutária, a responsabilidade de *comunicar ao DRI* **qualquer Ato ou Fato Relevante de que tenham tomado conhecimento**, para que o DRI realize a devida divulgação imediata.

O Diretor de RI (DRI) deve comunicar e divulgar à CVM e à Bovespa qualquer Ato ou Fato Relevante relacionado a seus negócios e zelar pela sua ampla *e imediata disseminação, que deverá ocorrer de forma simultânea em todos os mercados* em que seus valores mobiliários sejam negociados. Por exemplo, se for verificada a *ocorrência de oscilações atípicas na cotação, no preço* ou na *quantidade negociada dos valores mobiliários* da companhia, é de **responsabilidade do DRI** perguntar às pessoas com acesso a Atos ou Fatos Relevantes se estas têm **algum conhecimento** acerca de informações que devam ser divulgadas ao mercado.

É ainda responsabilidade do DRI prestar informações, caso a CVM, a Bolsa de Valores ou a entidade do Mercado de Balcão organizado em que os valores mobiliários da companhia sejam negociados venham a exigir *esclarecimentos adicionais* à comunicação e à divulgação de Ato ou Fato Relevante.

O Fato Relevante deve ser publicado em jornal de grande circulação utilizado habitualmente pela companhia, além de ser formalmente encaminhado à CVM, às Bolsas de Valores ou às entidades do mercado de balcão em que a companhia aberta negocia os seus títulos ou ações. Caso a divulgação seja feita nos jornais de forma resumida, o **Ato** ou **Fato Relevante** deve *mencionar o endereço na internet*, em geral **do site de RI da companhia**, no qual os investidores encontrarão a **informação completa**.

A divulgação de Ato ou Fato relevante deverá ser feita, sempre que possível, antes do início ou após o encerramento do pregão nas Bolsas de Valores. Na hipótese de ser *essencial* que a divulgação do ato ou fato relevante ocorra **durante o horário de funcionamento dos mercados**, o DRI poderá, ao comunicá-lo, **solicitar simultaneamente às Bolsas a suspensão dos negócios com seus títulos**, pelo tempo necessário à adequada disseminação da informação relevante.

Os **Atos** ou **Fatos Relevantes** podem, *excepcionalmente*, **deixar de ser divulgados** se os acionistas controladores ou os administradores da companhia entenderem que **a sua revelação poderia colocar em risco algum interesse importante da companhia**. Caso isso ocorra, é recomendado aos administradores e acionistas controladores da companhia **submeter à CVM a sua decisão** de, excepcionalmente, **manter em sigilo esses Atos** ou **Fatos Relevantes.**

Os administradores precisam considerar que o requerimento do tratamento confidencial *não os exime da responsabilidade pela divulgação do Ato ou Fato Relevante*. Adicionalmente, os acionistas controladores ou administradores ficam obrigados diretamente, ou por intermédio do DRI, a **divulgar imediatamente** o **Ato** ou **Fato Relevante** *se a informação escapar ao controle*, **ocorrendo um "vazamento"** dela ou se, nessa ocasião, **ocorrer oscilação atípica** na cotação, preço ou no volume negociado.

É recomendável que as companhias abertas criem um **Comitê de Política de Divulgação** e de *monitoramento interno* para facilitar o *controle das informações privilegiadas*, composto ao menos pelos executivos responsáveis pelas áreas de RI, financeira, jurídica e de comunicação.

FATOS RELEVANTES E A POLÍTICA DE DIVULGAÇÃO DAS INFORMAÇÕES

A **Política de Divulgação das Informações** (ver Capítulo 7), idealmente elaborada pelo Comitê citado, deverá ser aprovada pelo Conselho de Administração. Como já mencionado, é necessário que se cumpra e se comprove **a adesão formal aos termos da Política no *momento da contratação de um novo funcionário* da empresa, em documento que deverá ser arquivado na sede da companhia por até cinco anos após o desligamento da pessoa vinculada.**

A Política precisará prever também a manutenção na sede da companhia e a disposição da CVM, da **relação** das **pessoas vinculadas à política de divulgação (*insiders*)** e respectivas qualificações, indicando cargo ou função, endereço e número no CNPJ ou CPF.

A Política poderá conter também os procedimentos a serem seguidos em relação à CVM, no caso de informações estratégicas e que precisariam ser mantidas em sigilo, sem a divulgação temporária do seu respectivo Fato Relevante. **A Política de Divulgação deverá ser disponibilizada à CVM por meio do programa IPE.** Suas principais partes foram enumeradas no Capítulo 7.

12
RELATÓRIOS ANUAIS

*(Com a importante colaboração de **Luiz Fernando Brandão**
— In Futuro Comunicação).*

OS NOVOS FORMATOS DE RELATÓRIOS ANUAIS

O s Relatórios Anuais das companhias abertas começaram a sua existência como uma peça de marketing institucional apresentando a empresa, suas atividades, resultados, estratégia, administração e funcionários. O seu formato passou por diversas evoluções: impresso; PDF; online; interativo — e de conteúdo —, incorporando inicialmente o então "Balanço Social", e por vezes o "Balanço Ambiental" e depois ações e metas ambientais e sociais.

Hoje em dia, de forma cada vez mais frequente, investidores institucionais têm demonstrado considerar as variáveis **ESG** (ver Capítulo 4), **socioambientais** e de **Governança Corporativa** de uma empresa como fundamentais na sua decisão de investir ou não nas suas ações ou títulos.

Para que uma empresa seja de fato atrativa aos investidores de hoje é preciso que ela demonstre que, além de gerir bem, administrativa e financeiramente, os seus negócios e ter uma elevada capacidade de gerar lucros e riqueza, *também permanece atenta e se preocupa com os eventuais impactos ambientais e sociais advindos de sua operação*. E que sabe antever e se planejar adequadamente, a fim de **mitigar** riscos a eles correlacionados.

Temos visto empresas de renome enfrentarem grandes penalidades, multas e prejuízos devido a alguns incidentes e acidentes recentes, impactando fortemente seus resultados, sua reputação corporativa e, consequentemente, seus investidores em equity ou credores.

Em especial depois da grave crise financeira de 2008 e em uma economia global cada vez mais transparente, e além das preocupações antes apontadas, há um número crescente de empresas, que se esforça para trabalhar de forma "mais responsável". **Tornou-se muito importante agir com integridade e "fazer o bem para a sociedade".**

Agir de forma ética, *não tolerar nenhum tipo de corrupção* e adotar práticas mais transparentes, tem se comprovado uma maneira eficaz para as companhias atraírem novos investidores e reduzirem os custos de capital, o que as torna mais lucrativas e mais competitivas. Por causa disso, surgiram novos formatos para o Relatório Anual (RA), tais como o *Relatório Integrado*, o *Relatório de Sustentabilidade* (RS) e o BS, ou *Balanço Social* (hoje, menos utilizado).

Conforme apontado por meu ex-colega na Aracruz Celulose, **Luiz Fernando Brandão**, um especialista com bastante experiência nesse tema:

> No início dos 1990 — as iniciativas do Banco do Brasil, Caixa Econômica e Petrobras foram pioneiras —, surgiram os balanços sociais. Depois, estes foram acrescidos de balanços ambientais, nas empresas com potencial impacto sobre o meio e os recursos naturais, como as dos setores petrolífero, da mineração, siderúrgico e florestal. Produzidos *sem uma metodologia própria*, esses balanços constituíam um complemento ao relatório econômico-financeiro e, não raro, eram mais um instrumento de reforço institucional, *com pouco valor efetivo para os agentes do mercado*.
>
> Então, com a disseminação mundial do conceito de **desenvolvimento sustentável** (crescimento econômico com responsabilidade social e ambiental), entronizado a partir da **Rio-92**, começaram a surgir os **relatórios de sustentabilidade** — ainda assim, conteúdos complementares ao relatório econômico-financeiro tradicional de final de exercício, mas já buscando oferecer ao leitor uma visão mais holística do negócio, de suas oportunidades e desafios e de seu compromisso com o futuro.
>
> O que entendo ser a irreversível tendência, agora, é a **crescente integração**, na prestação de contas (e não só de final de exercício), das informações financeiras e não financeiras do negócio, apresentadas de forma transparente, de tal maneira que o mercado possa projetar as oportunidades e riscos do investimento com menor grau de incerteza, em benefício de todos os públicos de interesse — acionistas, investidores, clientes, fornecedores, comunidades vizinhas, empregados etc.

É essa publicação **única**, ou **integrada**, que atrai as parcelas do mercado investidor mais *preocupadas com o longo prazo e a perenidade* dos negócios, como é o caso dos **fundos de pensão** — alguns, do segmento "ético", com exigências ainda maiores de equidade, transparência, prestação de contas e responsabilidade social e ambiental da atividade por parte da organização.

O surgimento de **metodologias específicas, como a da Global Reporting Initiative, mais conhecida pela sigla GRI**, buscou conferir mais rigor no processo da prestação de contas, visto que, durante muito tempo e ainda hoje, independentemente de sua denominação, os relatórios continuam a ser mais enfáticos nas virtudes e avanços e *insuficientemente transparentes nos desafios e reveses*, não só do exercício em pauta como dos anos a seguir. Não por outro motivo, a incorporação de um atestado de verificação externa, independente, por entidade credenciada, tornou-se indispensável para a confiabilidade dos dados apresentados no relatório.

Em resumo, o que hoje chamamos de **Relatório de Sustentabilidade** ou **relatório GRI** *são formas de apresentar, de maneira integrada e coerente*, os resultados econômico-financeiros, sociais, ambientais e de Governança Corporativa da organização durante o exercício fiscal.

A maneira como isso é feito pode e costuma variar, sobretudo em função da natureza da atividade da empresa e de seu estágio no relacionamento com o mercado. Nas organizações em que esse processo está mais maduro e avançado, já não se trata de *prestação de contas anual, mas permanente* — muitas vezes, em tempo real! —, por intermédio das plataformas virtuais. Com o avanço da tecnologia e das exigências do mercado, *não duvido que essa venha a ser a tônica, em futuro não muito distante*.

O RELATÓRIO INTEGRADO

O Relatório Integrado é uma iniciativa liderada pela organização pioneira denominada **International Integrated Reporting Council** (**IIRC**, na sigla em inglês) que *busca melhorar a qualidade da informação disponível, incentivar uma **visão holística da companhia** e que busca também aumentar o nível de responsabilidade na gestão das empresas*.

Sua característica principal é **a ênfase na integração das informações** de forma adequada a cada empresa e o mais objetiva possível. **Seu foco é estratégico** e voltado para o futuro e a **perenização** da empresa. **O formato do Relatório Integrado** busca apresentar, de forma transparente, entre outros: a visão da companhia; *como a organização pretende gerar valor*; como ela é administrada; quais práticas de Governança Corporativa que adota; seu Modelo de Negócios; os riscos reconhecidos (inclusive sociais e ambientais) e ações para a sua mitigação; oportunidades de crescimento e a estratégia para alcançá-lo; como aplicará seus recursos para assegurar essa estratégia; qual será a sua contribuição para a sociedade, seus colaboradores, fornecedores, clientes e quais têm sido os resultados obtidos. Por fim, é fundamental que contenha os compromissos assumidos pela companhia com seus stakeholders, métrica para medi-los e como os stakeholders estão acompanhando e vendo sua evolução.

No Relatório Integrado de 2019 do Banco Itaú, por exemplo, este apresenta os seus diversos "Capitais": Financeiro (recursos disponíveis ou alocados nos negócios, próprios ou de terceiros, obtidos por seus serviços); Social e de Relacionamento (seus principais públicos e relacionamentos, buscando apresentar a capacidade que acredita ter para contribuir para o bem-estar individual e coletivo); Capital Humano (empregados, suas competências e motivações para melhorar os processos e serviços); Capital Intelectual (reputação do Banco; propriedade intelectual; capacidade de desenvolver novas tecnologias, produtos, serviços, vantagens competitivas visando à perenidade dos negócios); Capital Manufaturado (equipamentos, agências, aplicativos e sistemas de tecnologia); Capital Natural (quais os recursos naturais renováveis e não renováveis, consumidos ou afetados pelos negócios da empresa: ar, água, terra, minérios, florestas e biodiversidade). As informações — por escolha da administração, integradas pelo "tipo de capital" — contribuíram para dar ao leitor uma visão mais clara do valor presente e futuro da instituição.

Ainda assim, conforme também aponta Luiz Fernando Brandão, "... a integração dos dados financeiros e não financeiros, que é em todos os sentidos desejável, não é alcançada apenas *por constarem de uma única publicação*: é indispensável que forneçam aos stakeholders uma visão abrangente e transparente do negócio, em suas *múltiplas dimensões*, acompanhada de *compromissos claramente estabelecidos, métricas adequadas* para acompanhamento interno e externo e feedbacks dos públicos estratégicos, entre outros elementos".

Brandão sugere ainda que "quanto mais clareza e integração houver, internamente, entre os diversos setores, com relação às estratégias e meios de atingi-las, mais isso estará refletido no esforço de elaboração do relatório — na verdade, *uma das grandes vantagens de perseguir um relato integrado é proporcionar, também no âmbito interno, uma visão holística da atividade: em princípio, **se as partes entendem melhor sua contribuição para o todo**, os **esforços tornam-se mais alinhados, consistentes e produtivos** (menos 'competição' e mais colaboração intersetorial)"*.

Um formato especialmente inovador foi o adotado pela ALGAR TELECOM S/A. A companhia desenvolveu um site específico para o seu Relatório Integrado de 2019, que foi, inclusive, premiado. Em função da grande variedade de informações nesse tipo de relatório, a ideia do site como Relatório Integrado é particularmente interessante.

O RELATÓRIO DE SUSTENTABILIDADE

O Relatório de Sustentabilidade (RS), por sua vez, apresenta as práticas e as ações da companhia relacionadas aos principais impactos da empresa nos **pilares ambiental**, **social** e **econômico**. Esses pilares formam o assim denominado "**Tripé da Sustentabilidade**". Além disso, o **RS** visa abordar *temas que sejam prioritários e relevantes* não só para a empresa, mas também para os seus principais stakeholders, tais como: investidores, empregados, fornecedores, clientes, governo e sociedade.

Para o RS, a orientação para o formato, qualidade e abrangência do Relatório, como já mencionado, é dada pela **GRI**, uma organização internacional independente que visa apoiar empresas, governos e organizações a melhor entender e comunicar seus impactos em mudanças climáticas, direitos humanos, Governança Corporativa, compliance e no bem-estar social. Os relatórios GRI têm níveis diferentes de complexidade e indicadores específicos associados a cada um deles.

O BALANÇO SOCIAL

O Balanço Social (BS), menos utilizado hoje em dia, tem como principal objetivo comunicar as práticas da empresa em relação à sua Responsabilidade Social. Assim, a sua apresentação será sempre muito variável e "sob medida", porque cada empresa define objetivos sociais muito particulares e específicos. E é a própria empresa quem decidirá os temas e a abrangência que utilizará na apresentação de suas atividades sociais.

COMO PREPARAR UM RELATÓRIO ANUAL

Meus comentários aqui, neste capítulo, são voltados mais diretamente para a atuação e o conjunto de informações da companhia para as quais *as contribuições da Área de RI são mais importantes*.

Quanto às demais seções ou partes de um Relatório Integrado ou a montagem do Relatório de Sustentabilidade, além de não serem da minha especialidade, demandariam um trabalho muito mais amplo e que não seria possível incluir neste meu livro, cujo objetivo, modestamente, é o de *fornecer uma Introdução ao tema Relações com Investidores* (RI).

O trabalho propriamente dito de confecção do Relatório Anual deve começar com **muita antecedência**. Trata-se de uma tarefa muito demandante e que *envolve praticamente todas as áreas da administração da companhia*. Todos os anos há muitos assuntos novos e uma série grande de tópicos e matérias a serem incluídas no documento.

Atualmente, mesmo com os RA's apresentados e acessíveis em todo o mundo via internet e não mais impressos (ou com poucos exemplares impressos) e em função das novas demandas já descritas, a preparação de um Relatório Anual completo tornou-se ainda *mais sofisticada e desafiadora*. Ela envolve um número maior ainda de setores da empresa, levantamentos adicionais e complexos, além da necessidade de prever como se dará a divulgação do Relatório na internet, via site e o Portal de RI; a sua acessibilidade, facilidade de leitura, manutenção do interesse do leitor, sem descartar as necessidades de forma, estrutura e design atraentes.

O ideal é que a confecção do relatório seja conduzida por um **Grupo de Trabalho (GT)** geralmente **liderado pela área de Comunicação Corporativa**, mas com o *apoio de várias outras áreas e, em especial, de RI*. Hoje em dia, *a colaboração das áreas de Sustentabilidade, de RH, Jurídica e de Governança também são fundamentais*. A equipe de RI costuma se encarregar da coleta e organização das informações contábeis e financeiras fornecidas pela Controladoria, Contabilidade, Tesouraria e Planejamento Estratégico, bem como dos textos e comentários a elas associados.

Também é muito recomendável que a alta administração da companhia, através da diretoria executiva, seja envolvida **desde o início** no processo de definições do relatório. Não é incomum que um relatório já bem adiantado e que não contou com o envolvimento do Presidente até então, ser criticado ou rejeitado por ele, quando de sua primeira apresentação. Os responsáveis pelo Relatório Anual então, estarão diante de um grande e inesperado problema: refazer o relatório, com o prazo terminando e colocando em risco a qualidade do documento em si.

É ainda necessário lembrar que o RA só pode ser realmente concluído e divulgado depois que a Controladoria disponibilizar as Demonstrações Financeiras Anuais, totalmente aprovadas pelos auditores externos e arquivadas na CVM e nas Bolsas. *Esse período de fechamento dos Relatórios Contábeis do exercício precisa, portanto, ser levado em conta no planejamento global de preparo do relatório.*

O primeiro objetivo do GT do Relatório Anual deve ser o de traçar um **plano de trabalho objetivo**, buscando desde o início, a **integração das informações financeiras e não financeiras da companhia**; a identificação de *todas as áreas que contribuirão com essas informações*, seus responsáveis e o **desenvolvimento do cronograma de atividades**. Este, na prática, deveria ser desenhado "**de trás para a frente**". (Qual a data limite? Quais as atividades precedentes e sucessoras e quais os prazos reais de cada uma delas?)

Nesse momento, é também muito importante definir se o GT trabalhará com o apoio de um Consultor externo de RI, de uma agência de comunicação externa ou mesmo de Consultores em Sustentabilidade. Se este for o caso (o que costuma ser muito positivo, se o orçamento assim o permitir), *representantes das Consultorias e agência externas devem também estar presentes no GT, desde as primeiras reuniões de trabalho.*

Entretanto, é erro grave da empresa terceirizar todo o processo e só vir a conhecer o produto quando estiver praticamente pronto. Isso traz sérios problemas. O mais comum é descobrir que a agência externa "foi criativa demais" ou que fugiu completamente das orientações originais da empresa e de suas expectativas. Na prática, isso significaria um grande retrabalho a ser evitado, evidentemente, em função do risco de não se concluir os trabalhos no tempo previsto.

Parte importante do Relatório Anual é a "Mensagem da Administração", da Presidência e do Conselho de Administração. Trata-se de uma missão para a Comunicação Corporativa que deve programá-la e agendá-la a tempo com a presidência, os diretores executivos e, eventualmente, com o Conselho de Administração.

Partes do RA tipicamente complexas por envolverem várias áreas, diferentes contribuições, fotos externas em lugares variados, além de muitas revisões são aquelas relativas às *informações não financeiras*. Entre elas: riscos ambientais e sua mensuração; ações ambientais preventivas ou mitigatórias; investimentos sociais; recursos humanos; inclusão e desenvolvimento profissional.

Esses temas envolvem a coleta de dados e o **cálculo de indicadores específicos** que farão parte do RA, *caso a companhia opte pela adoção do padrão GRI*. Daí, a importância da participação da área de Sustentabilidade no Grupo de Trabalho.

Após a aprovação de todas as áreas via seus representantes, o líder ou os líderes do GT estão aptos a apresentar o resultado aos Diretores Executivos e à Presidência. O mais prático é que isso seja o tema único de uma grande reunião de Diretoria, com a sua apresentação em tela. O objetivo aqui é o de fornecer a todos os Diretores e ao Presidente uma visualização o mais próxima possível do relatório final, **a obtenção de sua aprovação** e a **definição da data de sua divulgação**.

O CONTEÚDO GERAL DE UM RELATÓRIO ANUAL

Não é possível definir qual o "conteúdo ideal" de um Relatório Anual. Trata-se de um documento sob medida para cada empresa. Especialmente em se tratando de um Relatório Integrado ou Relatório de Sustentabilidade. Os temas são muito vastos. Numa visão macro, o Relatório Anual, além dos números financeiros do exercício, as comparações com períodos anteriores e a análise das variações observadas entre trimestres, deve buscar responder às indagações mais importantes e gerais, tais como:

- Quem somos nós como organização, como empresa?
- Como é a nossa história? Como chegamos até aqui?
- Qual a nossa Visão e Modelo de Negócio?
- Quais os nossos produtos, nossas tecnologias e o seu valor para a indústria e a sociedade?
- Quem forma a nossa equipe? Quem são os nossos grandes talentos e qual a sua formação e experiência profissional?
- Quais os recursos naturais que utilizamos e de que forma?
- Quais as nossas metas para aprimorar os seus usos?
- Como lidamos com as questões e eventuais riscos ambientais?
- Quais as nossas ações para evitar ou reduzir a poluição do meio ambiente ao máximo? Quais as etapas e metas?
- Quais são os nossos compromissos com a integridade e a transparência?
- Quais as nossas práticas de Governança Corporativa?
- Qual a nossa estrutura de Governança, de Conformidade e de Ética Corporativa?
- Quais as nossas contribuições à sociedade? Aos nossos empregados e acionistas?
- Quais as nossas metas de inclusão social?
- Quais as razões do nosso sucesso até aqui?
- Como vemos o futuro?
- Quais as nossas estratégias de crescimento?
- Quais os desafios à frente?

É especialmente relevante manter a consistência das informações de um ano para outro. Ou seja: deve-se ter muita atenção aos números que foram apresentados nos relatórios de anos anteriores e checar a coerência do RA do ano atual, com os documentos de anos anteriores.

13

O RI E A TECNOLOGIA: SITES, CRM E OUTROS

*(Com a valiosa colaboração de **Marcelo Siqueira** — Dir. Geral da SUMAQ Comunicação Financeira.)*

O APOIO DAS NOVAS TECNOLOGIAS

No passado, a comunicação com os investidores e demais públicos de uma empresa era feita por *meios impressos* como *flyers* trimestrais, Balanços Anuais, Relatórios da Administração nos jornais, Relatórios Anuais impressos pela companhia etc. Com o rápido avanço da tecnologia, houve uma migração unânime para o meio digital — a internet.

Hoje, é mandatório **explorar ao máximo as potencialidades que a internet oferece**, não só para facilitar o acesso do público às informações de forma rápida e segura, como para *manter a competitividade em relação a outras empresas*. É importante também que elas próprias estimulem os seus públicos, entre eles analistas e acionistas, a **conhecerem bem** o seu **site**, **em particular a parte reservada a Relações com Investidores** e assim *se acostumarem a recorrer a ele em busca de informações*.

Hoje, há **empresas especializadas** em **Tecnologia para a Comunicação Financeira**. A escolha e a contratação de uma delas para apoiar as necessidades de RI e para *permitir a terceirização de diversos trabalhos rotineiros muito demandantes em termos de tempo e de recursos internos*, bem como — eventualmente — de algumas demandas não recorrentes ou mesmo emergenciais **tornaram-se prioritárias**. E, tal contratação deve sempre fazer parte do orçamento anual de RI.

O APOIO TECNOLÓGICO
AOS REGISTROS PÚBLICOS

Os **registros públicos** para a **divulgação de resultados**, **fatos relevantes**, **ofertas públicas**, **entre outros**, são feitos através de protocolos de arquivamento ou divulgação pública definidos por órgãos reguladores em todo o mundo.

Os mais conhecidos e necessários para as companhias brasileiras são o **Empresas.Net** e o **IPE**, requeridos pela **CVM**; e o **EDGAR** e **XBRL**, requeridos pela **SEC** dos Estados Unidos. Esses protocolos envolvem alguns procedimentos que geralmente **não são** "*user friendly*". Todos apresentam algum grau de complexidade. O processamento ideal das informações e utilização desses protocolos deve se utilizar de tecnologias, equipes e processos **especializados**, que se constituem em serviços que podem e **devem ser terceirizados** a empresas dedicadas à prestação de tais serviços às áreas de RI e contabilidade.

Desta forma, a área de RI obtém importantes ganhos de **produtividade** por meio de automações, acuidade dos dados pela centralização da sua origem a partir de fontes únicas de dados (*single sources*) sob a responsabilidade de colaboradores predefinidos e **libera muito do seu tempo útil** para assuntos mais importantes e estratégicos, mas assegurando que os **arquivamentos sejam feitos pontualmente e sem falhas**.

Há prestadores de serviços que oferecem o **processamento integral** de todos os dados recebidos (em ambiente externo seguro e com todos os recursos para um processo eficiente), ficando **o prestador de serviços contratado integralmente responsável** pela execução dos registros públicos requeridos.

Pode-se também recorrer a **plataformas de trabalho** *colaborativo* para a gestão dos documentos, que viabilizam **edições diretas em nuvem pela área de RI**, nas quais dados sob responsabilidade de determinados membros de um grupo de trabalho predefinido **são reproduzidos, automaticamente, em todos os documentos necessários da empresa. Essas plataformas incluem o autoatendimento** *também para os protocolos autônomos e sem a dependência da interação ou de processamento externo.*

Nesta alternativa, além dos registros públicos feitos de forma autônoma (ou **semiautônoma** — na medida em que o **prestador de serviços** de tecnologia pode e **deve assistir e dar suporte ao processo**) pela própria companhia, a plataforma controla também ***todos os acessos dos usuários envolvidos***, além de oferecer grandes recursos de automação e de outras funções também necessárias para a gestão eficiente do fluxo de trabalho completo.

O CRM FINANCEIRO OU BANCO DE DADOS DE RI

Os CRM's financeiros, societários e de RI mais modernos e com as tecnologias mais avançadas possuem mecanismos capazes de produzir e manter **históricos das interações com todos os contatos da área de RI.** Eles são capazes de gerar um **panorama completo** do relacionamento da empresa com o mercado, facilitando sobremaneira as ações estratégicas de RI.

Os **CRM's de RI mais avançados contêm** ainda informações precisas sobre **a base acionária** da companhia, suas posições mais recentes e, até mesmo, dados sobre a ***performance aproximada* de investidores na companhia**, num determinado período. Eles armazenam ainda os *perfis de investidores e as características dos fundos de investimento* com ações da empresa (informações muito úteis em Roadshows, por exemplo), aportes vultosos tornados públicos por instituições de todo o mundo etc.

O uso de um software específico para o **Banco de Dados (CRM)** ou "*Mala Direta de RI*" **amplia significativamente a produtividade da área**. Para se alcançar esse nível, entretanto, além da contratação do prestador de serviços de tecnologia adequado é importante considerar ainda os seguintes objetivos para o CRM de RI:

- *Uso bastante simples.*
- Oferecer "fichas eletrônicas" dos investidores e demais contatos de RI de fácil e rápido preenchimento (registrando seu nome, instituição, foto, último contato, datas, telefones, endereço, e-mail, pendências, interesses maiores, histórico de contatos anteriores, dados pessoais etc.).
- Permitir cadastros simples, práticos e ágeis, com importações em listas de novos integrantes (user friendly).
- Permitir o controle das inteirações da área de RI com os cadastrados, registrando suas reuniões, mensagens e informações trocadas com eles.

- Servir de *apoio eficiente à organização de viagens, Roadshows, AGO's e AGE's.*

- **Emitir Relatórios** com o número de reuniões realizadas; números de analistas e investidores recebidos, variações e destaques de movimentação na base acionária, entre outros. E, desta forma, alimentando os **Relatórios de Inteligência de Mercado** e de metas alcançadas.

- Entre outros.

É fácil perceber o valor da instalação de uma ferramenta como essa, não só para a coordenação e o gerenciamento das várias atividades de RI, como também para o *acompanhamento de metas, dos níveis de satisfação* dos analistas do Sell Side e investidores do Buy Side, entre outras informações valiosas.

SITES DE RI

Os **sites de RI** são, na sua essência, **o repositório principal dos dados públicos e de governança que uma companhia de capital aberto** possui. Além disso, e obviamente, eles servem como o **principal canal para a comunicação** *passiva e ativa* **entre a gestão da empresa, sua área de RI e a comunidade de investidores locais e globais**. Ou seja: são a principal porta de entrada do investidor. Adicionalmente, os sites de RI devem ser independentes do Portal da companhia, ainda que alinhados ao site Institucional e, eventualmente, por ele acessíveis.

A comunicação pela internet, a partir de ferramentas tecnológicas apropriadas e *no estado da arte hoje existente*, permite que as informações institucionais e de RI sejam mantidas de forma organizada, editável, segura e automatizada. Há sites, inclusive, **que se tornam instrumentos de gestão de RI**, proporcionando muita economia de tempo, independência por parte do investidor, dinamismo e "*completeness*" na divulgação e circulação das informações "inteligentes", obrigatórias ou espontâneas, ao mercado de capitais.

E, dessa forma auxiliando em muito a assegurar a conformidade (o **compliance**) e a **segurança da área de RI** em relação às **melhores práticas de governança** e à **legislação a ser obedecida**; assim como os **prazos e datas determinados e regulamentados**. Adicionalmente, **permitindo a divulgação**

e arquivamentos tempestivos e realizados de maneira **homogênea** para todos os analistas, investidores, Bolsas e autoridades pertinentes.

Os documentos e relatórios contábeis mais importantes da empresa devem ser facilmente encontráveis no seu site — normalmente através de uma área da primeira página denominada de "**Divulgação e Central de Resultados**". Nesta, são acessados avisos, comunicados e **Fatos Relevantes** divulgados e arquivados na CVM; as **apresentações institucionais** (também devidamente arquivadas previamente na CVM e protegidas contra alterações, em formato PDF); o **Relatório Integrado** da companhia e ainda os **Relatórios Contábeis** já arquivados na CVM, devidamente separados por anos, trimestres etc. Eles devem incluir o Relatório da Administração, o FRE (atualizado), os ITR's, as DF's, o 20f do ano e os 6k's (se listada no exterior).

Complementando as informações já citadas, o site deve conter ainda uma área para "Informações Financeiras", tais como Dividendos e Juros sobre Capital Próprio (JCP); "Ratings"; Cotações e Gráficos das Ações; planilhas interativas (*ver detalhes a seguir*) e ainda, os nomes dos Analistas do Sell Side que acompanham a empresa.

Hoje em dia, há recursos de interatividade e a disponibilização de dados estruturados tão avançados que permitem ao analista buscar rapidamente informações no site da empresa *para construir partes do seu próprio modelo econômico-financeiro de valuation*. Inclusive um eventual "Guia de Modelagem".

De maneira geral, os sites de RI contêm também informações facilmente acessíveis sobre **Governança Corporativa** da companhia: composição acionária da empresa; estrutura societária; sua administração — diretoria e conselho; as suas práticas de governança; estatutos; políticas; atas de assembleias e reuniões etc.

O ambiente virtual permite ainda muito mais oportunidades para se dar "vida própria", por exemplo, ao **Relatório Integrado (Anual) da companhia**. Na rede, ele pode incluir vídeos com depoimentos do Presidente e de outros executivos importante; imagens e explicações gravadas sobre as instalações e operações da empresa; tabelas e gráficos interativos; acompanhamentos sempre atualizados dos investimentos que estão sendo realizados, depoimentos das pessoas da equipe em seus locais de trabalho (inclusive em atividades sociais, ambientais, de RH etc.).

ALGUNS RECURSOS-CHAVE
PARA SITES DE RI

- Os serviços especializados para site de RI dispõem de **plataforma de publicação de conteúdo** com recursos de edições autônomas e simples, para que **as próprias equipes de RI** possam inserir e atualizar dados de forma imediata e **autônoma**, além de permitir consultas de informações públicas de maneira mais prática e eficiente possível, com agilidade e baixo dispêndio de tempo nessas rotinas.

- **O E-mail de Alerta:** o "Alerta" permite enviar **mensagens e avisos eletrônicos aos celulares e às telas dos computadores** de todos os investidores e analistas cadastrados pela área de RI, anexando às mensagens textos cotações atualizadas, volumes negociados e quaisquer outras informações importantes, bem como *convites para eventos ou visitas de atualização ao site* (incluindo informações sobre *Fatos Relevantes, convites a Assembleias*, comunicados importantes, entre muitos outros). Para o atendimento ao princípio da distribuição equânime de informações públicas, a fim de eliminar-se a possibilidade de quaisquer privilégios para determinados perfis, é importante tornar esse envio de alertas o mais instantâneo e automatizado possível — após Fatos Relevantes e arquivamentos na CVM, por exemplo. Aqui, há que se tomar um cuidado óbvio: **manter sempre a Mala Direta-CRM de RI atualizada**.

- **"Kit do Investidor":** há inúmeras facilidades e alternativas a serem idealmente disponibilizadas por um bom site de RI. Entre estas, podemos citar, por exemplo, o **Kit do Investidor**. A montagem de um "Kit" e a sua disponibilização no site de RI da companhia permite o acesso rápido a um conjunto de informações de qualidade **predefinido** e composto pelos **relatórios e documentos de maior interesse** dos investidores e analistas.

---

*Obs.: Existem ferramentas no mercado que **atualizam o "Kit do Investidor" automaticamente (!)**, após os arquivamentos da companhia na CVM/B3 ou SEC. O "Kit" deve oferecer também a facilidade de um download de*

> *todas as informações de interesse compactadas num único arquivo. Uma alternativa interessante é situar-se o "Kit do Investidor" em uma área do site denominada "Central de Downloads", por exemplo. Nesta, além do "Kit", outras informações mais recentes e importantes tais como Fatos Relevantes recém-divulgados são agrupados, para maior facilidade de downloads por usuários do site.*

- **Calendário de Eventos:** é importante disponibilizar-se no site um **Calendário dos Eventos Corporativos** ao longo do ano; incluindo as **datas de divulgação dos resultados trimestrais e anual**; das conference calls ("webcasts") previstas; dos eventos de mercado já planejados (especialmente aqueles que se repetem a cada ano, como o "Dia da Companhia"); as conferências nacionais e internacionais que devem contar com a participação da empresa; entre outros.

> *Obs.: O ideal é que o calendário acompanhe as atualizações que a empresa faz de datas na B3 e na CVM e que possa ser importado pelo usuário do site à sua própria agenda. Além disso, o "Módulo Calendário"* **pode permitir também ao usuário que ele mesmo** *se cadastre para participar de eventos da empresa* (clicando no evento, por exemplo).

- **Mensagens em Vídeo:** uma forma de enriquecer o site de RI é a apresentação de **vídeos com o CEO, com a sua mensagem pessoal** e da companhia aos seus investidores. Esses vídeos podem se situar, por exemplo, logo na página inicial e principal do site. O melhor para a área de RI é que o *conteúdo do site possa ser gerenciado pela própria área de RI*, de maneira independente do fornecedor, interativa e fácil.

- **Destaques do Período:** outra recomendação importante é a de se incluir no site uma área específica para "**Destaques do Período**" e "**Notícias**", seja na forma de textos ou em vídeos. Esta é uma área do site na qual se encontra com facilidade tudo de mais importante e relevante ocorrido na companhia e que tenha sido divulgado *mais recentemente*.

- **Cotações online:** um recurso **indispensável** é a apresentação das **cotações online** das ações da companhia, nos seus diversos "Tickers", e nas diferentes Bolsas em que esteja eventualmente listada (Bovespa; NYSE; NASDAQ; Latibex, por exemplo).

- **Gráficos:** outro recurso muito demandado pelo mercado é a apresentação de **Gráficos de Cotações dos papéis da empresa**. Eles devem ter *alguma interatividade*, permitindo a consulta sobre cotações e a sua **evolução ao longo de períodos diferentes**; comparações com outras ações ou índices etc. Esses gráficos normalmente vêm acompanhados das respectivas *barras de liquidez*. É desejável que a sua base (necessariamente ajustada por dividendos distribuídos etc.) possa ser "exportada para planilhas", permitindo a sua utilização para montagens de tabelas, gráficos, análises e relatórios de terceiros.

- **Tabelas interativas:** desejáveis em qualquer site de RI são ainda as tabelas interativas com os dados dos Balanços Patrimoniais de diversos anos. Isso vale para as DRE's, Fluxos de Caixa e demais Relatórios Contábeis — de forma a *permitir a comparação entre períodos*, conversão de moedas e novamente com a **possibilidade da sua exportação em planilhas**. O ideal, como já citado, é que a área de RI contrate serviços de site que lhe permitam atualizar — ela própria — essas tabelas (*bem como outras áreas do site*) de maneira mais independente possível.

- **Ícone para tele ou vídeo conferências:** O site de RI deve ser utilizado também como **meio de divulgação e registro para as diversas conferências realizadas** para o mercado, organizadas pela área de RI. São as chamadas "**webcast conference calls**". A sua disponibilização, em português e em inglês, ao grande público — via internet — é a garantia de que as informações serão divulgadas homogeneamente a todos os interessados. Isso funciona bem, se o **convite eletrônico aos participantes** for feito de forma **antecipada, via Alerta por e-mail**, informando **data**, **horários** e **formas de acesso**.
  Nestes casos, **é muito útil criar um atalho ou acesso específico**, chamadas cortinas ou *pop-ups* de navegadores para a sua imediata localização e com grande visibilidade. Isso facilita a vida do usuário: *após clicar no ícone, basta se identificar para*

ter acesso ao registro e à teleconferência. Como já mencionado, a teleconferência em si, por sua vez, poderá se constituir de
uma sequência de slides em PDF, que serão comentados e anali-
sados pelos diretores participantes, convidados pelo de RI.

Há prestadores de serviços especializados na organização e na efetiva realização das **apresentações via webcast**. Eles utilizam ferramentas de comunicação e de controle que permitem a visualização
pelos executivos da empresa da lista das instituições ou analistas
participantes, suas perguntas, assim como a visualização ainda dos
momentos quando entram ou saem do espaço do "chat".

OBSERVAÇÕES COMPLEMENTARES

- Apresentar o conteúdo do site de RI de maneira simples, sem afeta-
ções, tecnicismos ou rebuscamentos financeiros ou contábeis.

- Apresentar relatórios e documentos (Relatório Anual online; relatórios contábeis; apresentações etc.) **em PDF** para que *não possam ser
alterados por terceiros*.

- **Navegação fácil.** É especialmente importante que a navegação dentro
do site seja fácil, de uso intuitivo e **com poucos *cliques*** para se chegar
aonde deseja. Entre outros motivos, porque uma parte importante dos
navegadores serão os investidores individuais. E para eles, quanto menores os níveis de complexidade — tanto em relação ao conteúdo como
em relação à navegabilidade propriamente dita — melhor.

- Os sites de RI mais recentes têm buscado apresentar o acesso a todas
as informações logo na sua primeira página (*"one click away"*). Há
alguns que interagem até mesmo pela voz (!).

- Disponibilizar links dentro dos documentos ou relatórios a serem visitados, *facilitando o retorno direto ao site* da empresa ou a visita
imediata a informações complementares.

- Disponibilizar links externos à empresa, mas de grande utilidade para
navegadores e pesquisadores, como por exemplo: Bolsas de Valores;
CVM; SEC; institutos ligados ao setor da empresa; agências regulatórias do setor; publicações ligadas ao segmento; etc.

- Disponibilizar o acesso a "Perguntas Frequentes".

É indispensável que o site tenha *atualização frequente*. **O site de uma companhia é como um documento oficial!** Tudo que ali se encontra **tem a chancela da empresa** e, portanto, pode ser consultado como **informação atribuída à fonte**. É comum aparecer em reportagens citações do tipo *"segundo o site da empresa X, os investimentos realizados no ano foram de..."* ou ainda *"de acordo com o site da empresa Y, o acidente foi provocado por isso ou aquilo..."*.

Analistas, investidores, pesquisadores, jornalistas e outros públicos acessam os sites das companhias para se informar sobre vários assuntos pertinentes a elas e especialmente sobre aqueles mais relevantes e que têm a ver com o momento atual. Deixar de atualizar o site, além do risco de ter informações sobre fatos já superados ou dados defasados publicados, **traz prejuízos para a imagem**, *à credibilidade da empresa* **e à sua reputação corporativa**.

A necessidade de atualização vale para as versões em português e em inglês ou outras línguas. Aqui, outro lembrete que pode surpreender alguns: infelizmente, é frequente que os textos em inglês dos sites de empresas brasileiras com negócios no exterior sejam muito insuficientes na gramática e no vocabulário, o que também é danoso à imagem da companhia. Além disso, é importante assegurar que ambos os sites, *em inglês e português, estejam sempre sincronizados,* e exatamente, **nos mesmos níveis de atualização**. As plataformas de gestão de conteúdo dos sites de RI também possibilitam essa importante sincronia.

Uma medida valiosa adicional e prática é a de ter **um profissional da equipe de RI pré-designado para navegar com frequência** — algumas vezes por semana — no site de RI da empresa, para verificar eventuais falhas e providenciar os devidos reparos.

Este membro da equipe deveria também ser o **principal contato com a empresa de tecnologia contratada** e que, na maioria de vezes, presta serviços à empresa o ano todo. Muitas empresas de tecnologia de Comunicação Financeira, no Brasil e no Exterior, detêm **conhecimentos técnicos completos** e **avançados** para desempenhar o papel não só de apoio, de "backoffice", como também **as capacitam a *projetar e construir o site* em si, *a partir de reuniões com a equipe de RI que, por sua vez, fornecerá o conteúdo do site.***

Adicionalmente, hoje em dia é comum a empresa ter páginas nas *Mídias Sociais*. Isso pode incluir o LinkedIn (dedicado a informações mais técnicas e profissionais) ou mesmo Facebook, Instagram ou Twitter. Isso, por sua vez, gera a necessidade da área de RI acompanhar continuamente o que está sendo postado nesses canais. E, uma eventual "intervenção" ou mesmo correção podem se tornar urgentes. Daí também, a *recomendação para não usar esses canais para informações financeiras, projeções* ou mesmo dados operacionais. **É mais prudente** divulgar nas redes sociais da empresa apenas informações de **natureza institucional**.

Por fim, um canal imprescindível é aquele para o contato entre o usuário do site e a área de RI da companhia. *Esta será uma **área para o feedback*** dos visitantes do site de RI: analistas, investidores pessoas físicas ou institucionais, entre outros. Algo como um "**Fale Conosco**", "**Fale com RI**" ou "**Deixe a sua Mensagem**"; que serve para sugestões de aperfeiçoamento, críticas, demandas ou dúvidas dos visitantes, navegadores e pesquisadores. Essa área deverá conter também os nomes, e-mails e contatos do gerente de RI e de parte da sua equipe. Ou, eventualmente, de um endereço de e-mail geral — para toda a área de RI da companhia.

AS TELECONFERÊNCIAS TRIMESTRAIS (WEBCAST)

Como mencionado, a teleconferência (webcast) é uma importante ferramenta de trabalho, indispensável no relacionamento com os analistas de mercado, assim como o site da companhia. O ideal é que as teleconferências ocorram, ao menos, de três em três meses, que sejam amplamente e previamente divulgadas e, em especial, as instruções respectivas para o registro e participação. O que pode ser feito através do site de RI da empresa e divulgado por "alertas" via e-mail ou mensagens SMS, usando-se o CRM desenvolvido pelo setor de RI.

As webcast devem ser organizadas **imediatamente após o arquivamento dos resultados do período que se encerrou**, em geral do último trimestre, e a disponibilização desses resultados no site da empresa. Se a companhia estiver listada fora do Brasil, é necessário fazer-se também uma teleconferência em inglês.

Esta deve ser realizada em outro horário, o mais próximo possível da teleconferência local, *levando-se em conta os diferentes fusos entre o Brasil e outros países*. Em geral, os **analistas e investidores estrangeiros *não gostam de traduções simultâneas***! O ideal é que se faça a apresentação internacional diretamente em inglês.

É indispensável **reservar sempre** *amplo espaço* **para um módulo de perguntas e respostas ("Q&A"),** após as apresentações introdutórias e seus comentários. Essa parte inicial deve sempre ser **a mais curta e objetiva possível**. Naquele momento, os investidores *já tiveram acesso aos resultados trimestrais* ou ao Fato Relevante em pauta. **O interesse maior dos investidores, portanto, será sempre no "Q&A".**

Jornalistas costumam participar. Para evitar que as suas perguntas (com objetivos diversos do mercado) "atrapalhem" o espaço para os analistas "no ar", *é recomendável* fazer *outra teleconferência específica para a mídia*, independentemente daquela realizada para analistas. Ou, solicitar aos jornalistas que façam as suas perguntas por e-mail. No caso de uma teleconferência extra para jornalistas, o RI deve atuar sempre em conjunto com a Comunicação Corporativa e a Assessoria de Imprensa da companhia. Nesta teleconferência para a mídia, a participação de outros diretores (cujas áreas estejam em maior evidência, por exemplo) e dos colegas das áreas de comunicação mencionadas é, na prática, essencial.

ASSEMBLEIAS (AGO'S E AGE'S), VOTOS A DISTÂNCIA E O SITE DE RI

Especialmente depois da crise da Covid-19, **a participação remota em assembleias de acionistas é um direito dos investidores além de uma exigência legal** (Instruções de **nº CVM 481, 561, 570 e 622**). E hoje, há ferramentas tecnológicas de RI disponíveis no mercado por alguns fornecedores especializados que permitem a gestão das AGO's e AGE's com a coleta, cômputo de votos automatizados e a disponibilização dos relatórios de assembleias de acionistas.

Na forma mais tradicional, a física, remete-se um pacote para cada acionista contendo a cédula, a procuração respectiva e o manual da assembleia, que inclui as instruções e as Propostas da Administração ("**Proxy Statement**"). Esses documentos são então enviados com um envelope *pré-endereçado* para facilitar o seu retorno. A forma eletrônica utiliza uma *notificação remetida fisicamente ao endereço do acionista, ou por e-mail*, com as **instruções para acesso a um sistema de internet**, possibilitando a **votação por meio digital**.

Há no mercado alguns **provedores de Serviços de Proxy** para votações nas assembleias e que buscam ajudar a obter uma maior participação do capital social e o alcance de quórum mínimo com segurança, economia e comodidade para os investidores que queiram participar daquela AGO ou AGE.

Os produtos mais avançados e completos são softwares que permitem a gestão, o cômputo e o reporte dos votos em assembleias, prevendo todas as diferentes situações possíveis. Esses sistemas devem **permitir o cálculo**, **de uma forma precisa e imediata, de todos os resultados das deliberações nas quais os acionistas exerçam os seus votos de diferentes formas**, tais como: *presencialmente, pelo sistema coletivo para envio do boletim de votos definido pela CVM ou por envio diretamente à companhia*. O software deve gerar as cédulas, listas, telas de monitoramento, relatórios e os mapas sintéticos e analíticos requeridos pela CVM.

Ou seja, os sistemas a serem avaliados devem oferecer a **apuração imediata de resultados** em assembleias de acionistas, abrangendo coleta, gestão e controle de votos e geração dos relatórios regulatórios. Suas plataformas devem estar preparadas para processar mapas analíticos e garantir que os votos diretamente da companhia **não sejam contabilizados em duplicidade**, associando-os às corretas participações dos acionistas votantes. Além disso, devem ainda ser capazes de tratar as situações de eleição em separado ou com **voto múltiplo**, gerando ainda os mapas sintéticos que devem ser arquivados na CVM.

OS "DATAROOMS" VIRTUAIS

Os **Datarooms Virtuais** são usados para a coleta, a organização e a disposição dos mais diversos documentos e informações sobre transações financeiras, viabilizando as suas respectivas **Due Diligences**. Esses espaços virtuais *facilitam enormemente* o acesso e a consulta a inúmeros documentos pré-selecionados, **sua gestão e os registros dos acessos**, assim como as próprias interações entre os integrantes dos numerosos Grupos de Trabalho.

Os **Datarooms Virtuais** são muito utilizados especialmente nas operações de Fusões e Aquisições ("M&A") e **nas Ofertas Públicas** de títulos ou ações. Os Datarooms também são muito empregados como *bibliotecas ou repositórios permanentes* de documentos corporativos, *facilitando a organização,* *arquivamento em ambientes totalmente seguros e, em geral, com custos razoáveis para acessos compartilhados.*

Os documentos da companhia ficam então em arquivos eletrônicos *acessíveis em nuvens* da internet, com recursos muito avançados de **segurança** e permitindo o *controle de todos os acessos*. A companhia define os *diferentes níveis das permissões* para consultas ou edições com as devidas restrições e de acordo com os níveis hierárquicos e as necessidades dos usuários. Pode-se inclusive definir, para cada arquivo ou pasta, o que cada pessoa poderá alcançar; desde "absolutamente nada" até a leitura ou mesmo a sua edição completa.

Os recursos dos datarooms virtuais são prestados por plataformas de software como serviços "em nuvem"; nesta, os documentos dispostos podem ser mantidos por curtos espaços de tempo definidos para um projeto ou demanda específica, ou para longos períodos e, como já mencionado, na forma de um completo repositório de documentos importantes.

Além do acesso personalizado de cada usuário à plataforma, podem-se definir ainda alertas aos usuários sobre determinadas evoluções e atualizações sobre o conteúdo disposto. Nas plataformas mais avançadas, há ainda completos mecanismos de perguntas e respostas e de notas relacionadas a qualquer arquivo ou pasta.

Esses sistemas precisam ainda ser capazes de **prover relatórios** com dados e *estatísticas de acesso* aos documentos, permitindo que toda **a atividade de diligência seja auditável**, viabilizando que as partes envolvidas possam a eles recorrer em qualquer **necessidade de comprovação ou mesmo prova em juízo**, *de conhecimento ou não* de determinadas informações para análises e tomadas de decisão.

14

CONSULTORIA EM RI E TREINAMENTOS

Um dos fatores mais críticos na competição por investimentos nos títulos de uma empresa é **como as suas informações são comunicadas ao mercado financeiro**. Sensibilizar as audiências de forma adequada e no momento certo é um objetivo desafiador e altamente competitivo. Para que seja alcançado, requer **know-how**, **treinamentos frequentes**, foco nas prioridades e compromisso com elevados padrões de transparência e de qualidade.

O que o mercado pensa a respeito da companhia? A partir de **Pesquisas de Percepção (Perception Studies)**, as empresas de **Consultoria em RI** podem orientar de forma eficaz os clientes sobre *como elaborar, praticar ou ajustar uma comunicação financeira eficiente*, "sob medida", que atenda as demandas então identificadas, visando assegurar a melhor compreensão possível por parte de analistas e investidores sobre a natureza dos seus negócios, seus resultados recentes, seus fatores estratégicos diferenciadores e suas perspectivas de crescimento.

Empresas de Consultoria Sênior realizam também **treinamentos "in house"**, **workshops**, **seminários**, **palestras**, e oferecem ainda o **coaching de executivos-chave** sobre o relacionamento da empresa com o mercado de capitais, Reguladores e Bolsas. Isso inclui desde uma visão geral da **Cultura de uma Empresa de Capital Aberto**, até os mais diversos aspectos operacionais do relacionamento da empresa com o mercado, como suas **obrigações de divulgação (CVM 480, 481 e 385, principalmente), o orçamento da área, o desenvolvimento de um Programa Anual de RI (com metas e métricas), estratégias de trabalho etc**.

Além das pesquisas qualitativas conhecidas como **Perception Studies** já citadas, consultores podem realizar levantamentos de **Benchmarking** com os "peers" do mesmo segmento econômico; orientar a produção de textos e apresentações corporativas voltadas à divulgação de resultados, webcasts de resultados e Roadshows; podem apoiar ainda o *planejamento e a montagem de Roadshows* "missionários" ou de venda, com ofertas de valores mobiliários, e ainda *orientar a realização de pesquisas de targeting*, entre muitos outros.

Nos casos pós-realização de M&A's ou de mudanças importantes na empresa, consultores podem ser chamados para auxiliar num **reposicionamento estratégico em RI**, durante o qual pessoas, processos e práticas de RI são *reavaliados, a mensagem central revista* e os *fluxos internos de informação redefinidos e aprimorados*.

Ou seja, consultores podem ajudar bastante e apoiar a área de RI no **desenvolvimento**, **preparo** ou **aperfeiçoamento** dos diversos canais de comunicação, tais como: **sites de RI**, **apresentações corporativas**, **relatórios anuais integrados**, fatos relevantes, releases financeiros, conference calls e **webcasts**. Podem ser chamados também para atuar na **organização de grandes eventos** para o mercado de capitais, como o "**Company's Day**" anual ou antes das grandes visitas de analistas aos parques fabris, linhas de montagem etc., geralmente, muito apreciadas.

Como já mencionado, *com o sucesso na comunicação financeira e a construção*, passo a passo, *de uma sólida reputação corporativa*, a empresa obtém um importante ganho de credibilidade e consegue, no médio a longo prazo, ajustar, **fazer convergir**, as suas *percepções de valor pelo mercado para um quase consenso entre analistas e investidores*. O apoio de bons serviços de consultoria e treinamentos bem conduzidos funcionam como verdadeiros **catalisadores desse processo**.

CAPACITAÇÃO EXECUTIVA

Uma **Consultoria Estratégica em RI** pode propor e realizar excelentes **Programas de Treinamento e de Capacitação Executiva em Relações com Investidores (RI)**. Os treinamentos costumam ser **workshops** ou seminários de curta ou média duração, desenhados sob medida às necessidades dos clientes e em conjunto com eles.

Eles podem ser voltados não apenas para os executivos de RI, como também para profissionais *de todas as áreas envolvidas no relacionamento e na comunicação com o mercado de capitais*, tais como: Área Jurídica,

Contabilidade e Controladoria, Tesouraria, Comunicação Corporativa e Social, Meio Ambiente e Sustentabilidade, Auditoria Interna, Assessoria de Imprensa, Diretorias Executivas e Conselhos Fiscal e de Administração.

As Consultorias podem ser solicitadas e incluir nos seus workshops módulos complementares específicos, tais como: *Media Training*; *Gestão de Crises*; *RI & Governança Corporativa*; *Prevenção ao Vazamento de Informações* e *Obrigações dos Diretores Estatutários*. Os treinamentos podem também visar atualização, fortalecimento e consolidação do know-how das equipes de RI e das equipes de suas interfaces.

AUDITORIA EM RI

Uma Consultoria em RI pode ser contratada para realizar uma **revisão completa dos processos e um reposicionamento em RI**. Uma visão externa ao estilo de uma **auditoria** (*assessment*) e avaliação de RI. Esta pode fornecer um *diagnóstico dos resultados até aqui obtidos; apontar eventuais falhas ou lacunas a corrigir e sugerir melhorias nos Programas de RI, Práticas, Processos e Pessoas.*

Essa "Auditoria" ou uma "**Revisão em 360 Graus**" pode, por exemplo, levantar as *expectativas dos Conselheiros e Diretores Executivos* em relação aos objetivos almejados no relacionamento com o mercado e identificar os "gaps" e *as diferenças internas de visão.*

Essa revisão possibilita também a obtenção de **comparações via Benchmarking** com *empresas do mesmo segmento ou setor*, e capta as opiniões, críticas e sugestões de analistas de mercado do Sell Side e do Buy Side através de um Perception Study, também embutido no processo.

O resultado obtido é uma **visão abrangente, interna e externa, e completamente transparente das atividades de RI**, que permite — via **workshop final com os gestores da empresa** — definir um *reposicionamento da estratégia* da companhia em relação ao mercado financeiro (de equity e de dívida com bancos, agências de risco etc.) — bem como *um desenho ou redesenho de um Programa de RI atualizado*, **mais adequado ao momento presente da companhia**, com **novas metas** de liquidez, de ampliação da cobertura, de atração de investidores de longo prazo e de recuperação do "Valor Justo" dos títulos da companhia.

PREPARATIVOS & COORDENAÇÃO INTERNA DE IPO'S E ATUAÇÃO COMO "PMO"

O sucesso de uma Oferta Inicial de Ações (IPO) depende fundamentalmente da **preparação prévia, tempestiva e adequada de todas as equipes envolvidas**, bem como da perfeita **adaptação** da companhia às suas novas obrigações e níveis de transparência na comunicação com o mercado de capitais e no atendimento de novas e abrangentes obrigações legais.

Há Consultorias e Consultores Sênior em RI que podem oferecer um apoio bastante abrangente às empresas contratantes. **Eles podem atuar como PMO** (Project Management Office) da companhia em operações financeiras estruturadas, tais como: IPO's, "Follow On's", demais OPA's ou operações de M&A, Private Equity, Lançamentos de Debêntures, Bonds e demais títulos de dívida.

Esse apoio pode incluir, se necessário, a atuação como "**Área Interina de RI**" durante todo o processo inicial de um IPO ou logo após ele. Inclusive, realizando, em paralelo, o *recrutamento e a seleção, no mercado, do futuro gestor de RI da empresa*. O qual pode, *eventualmente*, permanecer *por algum tempo* como recurso da Consultora, até a sua transferência definitiva ao cliente, caso se saia bem. O que, por sua vez, reduz riscos trabalhistas e custos elevados, caso o profissional não seja efetivado, na prática.

Adicionalmente, a Consultoria pode atuar ainda como PMO, a pedido da companhia, de forma ainda mais abrangente e efetuando também o follow-up dos cronogramas de trabalho, organizando e atendendo as demandas dos bancos coordenadores, advogados, auditores, consultores — de forma a assegurar o cumprimento dos prazos previstos e a qualidade dos resultados obtidos, enquanto, em paralelo, realiza também os serviços de apoio à montagem de uma nova área de RI para a empresa, tais como:

- Recrutamento e seleção (interna e externa) da nova equipe de RI.
- Treinamento inicial da nova equipe.
- Elaboração da primeira Apresentação Corporativa e seu respectivo treinamento.
- Apoio no desenho e na montagem do novo site de RI (formato e conteúdo).

184 Introdução a Relações com Investidores

- Orientação nos primeiros arquivamentos na CVM, Bovespa, SEC e NYSE.
- Organização dos primeiros eventos com investidores.
- Planejamento e organização de Roadshows iniciais.
- Orientação para o atendimento a analistas e à mídia, "one on one meetings" etc.
- Apoio no preparo de Fatos Relevantes e na contratação da Publicidade Legal.
- Desenvolvimento dos primeiros cronogramas e follow-up das atividades iniciais.
- Apoio às demais áreas da empresa envolvidas nos processos de RI.
- Ajuda na redação de textos (Prospecto/F-1 e Formulário de Referência/20-F).
- Orientar e checar as primeiras traduções.
- Treinamento em Governança Corporativa.

O ESCOPO NA NOVA ÁREA DE RI

Relações com Investidores

Relacionamento & Comunicação com o Mercado	Compliance	Inteligência de Mercado (setorial e peers)
• Formulário de Referência (RI).	• Follow-up das obrigações legais.	• Levantamentos.
• Release de Resultados.	• Análise de materiais de divulgação.	• Bloomberg.
• Site RI.	• Monitoramento da CVM.	• Economática.
• Apresentações de Resultados.	• Elaboração/revisão de respostas para CVM.	• IPRIO.
• Relatório Anual.	• Follow-up das obrigações com a Bolsa.	• Relatórios de Inteligência.
• MD&A.	• Elaboração/revisão de Comunicação com o Mercado, Fatos Relevante e trechos do FRE.	• Análise Setorial e de Peers.
• Teleconferências & webcast.	• Coord. do FRE.	• Estudos especiais.
• Relacionamento bancos, agência de *rating* e analistas.	• Follow-up da atualização dos documentos, site, Interface com Jurídico.	• Movimentação das Ações.
• *Rodshows*, conferências e Coordenação de Logística de eventos e teleconferências.	• Etc.	• Follow-up das Recomendações dos Analistas.
• Eventos.		• Monitoramento dos sites do Setor.
• Interfaces: Contab. + Com. Corp.		• PERCEPTION STUDIES!
• Etc.		• Etc.

Adaptação de original do Prof. Valter Varia

CONSULTORIA EM RI E TREINAMENTOS **185**

AS ETAPAS DAS PRIMEIRAS ATIVIDADES DE RI:

1º ESTÁGIO > **2º ESTÁGIO** > **3º ESTÁGIO** > **4º ESTÁGIO**

Atividades associadas ao registro da cia. na CVM:

- Desenho e definição da Estrutura de RI.
- Gerenciar o Processo de Registro.
- Desenvolver Fluxo de Informações para RI.
- Desenvolver site de RI: ferramental e conteúdo.
- Avaliação do Nível de Preparo interno.
- Planejamento para remoção dos "gaps" e inseguranças identificadas.
- Viabilizar e desenhar treinamentos internos.
- Seleção de Consultoria em RI

1as. atividades de RI associadas às novas responsabilidades de cia. aberta:

- Desenho do Programa de RI e estratégia de média e longo prazo.
- Aprimoramento do Fluxo Interno de Informações para RI ("Resultados Finais").
- Aprimoramento do site de RI: ferramental e conteúdo.
- Atividades de "Compliance".
- Primeiros contatos com o Sell Side (dívida & equity).

Atuar como o coordenador interno da companhia antes e durante os preparativos para o lançamento de ações:

- Coordenação das atividades de preparação e interfaces com Underwriter/ Bancos/Advoga-dos/Controladoria & Contabilidade/ Tesouraria/ Comunicação Corporativa/ Agências/Gráficas; etc., ao longo do Processo do IPO.
- 1os. Roadshows.
- 1as. Conferências.

Manutenção Pós-Listagem:

- Atuação como Consultor "on-going" e estratégico de RI para o Mercado Secundário (a partir do primeiro dia de trading em uma Bolsa de Valores).
- Suporte continuado em RI para os Administradores da cia. & para a Equipe de RI.
- PERCEPTION STUDIES.
- BENCHMARKING.
- Treinamentos Avançados.
- Roadshows.
- Conferências.
- Apoio de Consultoria no Mercado Secundário.

Adaptação de original do Prof. Valter Varia

EXEMPLO DE ESTRUTURA FUNCIONAL INTERNA DE RI

A organização ideal de atividades por *afinidades e habilidades*

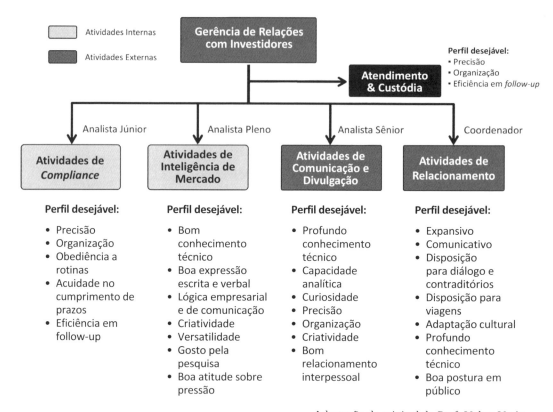

Adaptação de original do Prof. Valter Varia

15

RI E GOVERNANÇA CORPORATIVA

*(Com o importante apoio do **Prof. Dr. Joaquim Rubens Fontes Fo.**
— FGV/EBAPE).*

DEFINIÇÕES

Diversas são as definições utilizadas para **Governança Corporativa**. A CVM a define como "o conjunto de práticas que tem por finalidade aperfeiçoar o desempenho de uma companhia ao *proteger todas as partes interessadas*, tais como investidores, empregados e credores, facilitando o acesso ao capital".

Para o **Instituto Brasileiro de Governança Corporativa (IBGC)**, "Governança Corporativa é o sistema pelo qual as organizações são *dirigidas, monitoradas e incentivadas*, envolvendo as práticas e os relacionamentos entre proprietários, Conselho de Administração, diretoria e órgãos de controle".

Governança não é "gestão" empresarial. Há uma definição de autores internacionais que procura salientar essa diferença. Para eles "Governança Corporativa é um conjunto de **mecanismos**, institucionais e de mercado, que *estimulem seus gestores a tomar decisões visando sempre maximizar o valor da companhia para os seus proprietários, que são os seus fornecedores de capital*".

A **Governança Corporativa** se baseia num conjunto de processos, normas, políticas e regulamentos que *afetam a forma de como uma companhia é administrada e controlada*. Diz respeito aos ***relacionamentos entre as diversas partes*** interessadas *na empresa*, principalmente os acionistas, a diretoria executiva e o seu Conselho de Administração.

O "Pequeno dicionário de bolso da Governança":

- **Shareholders:** basicamente, são os acionistas da empresa.

- **Stakeholders:** ao usarmos o termo stakeholders estamos nos referindo ao público estratégico de uma empresa, como por exemplo, clientes, empregados, fornecedores, comunidade, entre outros.
- **Insider:** é um termo usado para designar uma pessoa na empresa que detém informações privilegiadas.
- **Free rider:** ou "o Carona" se dá quando um dos acionistas que possui apenas uma parte da empresa pratica uma ação que beneficia a todos os outros e somente ele arca com os custos.
- **Funding:** significa uma fonte de abastecimento financeira.
- **Insider Trading:** é uma movimentação financeira baseada em informações relevantes que ainda não são de conhecimento público.

A EMPRESA "SEM DONO"

A partir do século XIX, o grande crescimento na escala dos processos produtivos passou a exigir a captação de substanciais recursos financeiros adicionais para suportar maiores investimentos. Em geral, esses recursos passaram a ser obtidos com a entrada de novos sócios no negócio. Esse aumento do número de sócios contribuiu cada vez mais para distanciar o antigo proprietário, o "fundador" do negócio, do conhecimento e do controle das decisões cotidianas da gestão. Começou assim e então a separação entre as funções relativas à propriedade e à gestão de uma companhia.

Mais adiante, especialmente nos Estados Unidos e na Europa, a admissão de novos sócios acabou por alcançar um número tão grande de pequenos e novos investidores que, consequentemente, resultou na *pulverização da propriedade da empresa*". O que gerou um novo efeito adicional: **a empresa sem dono**. Nessa nova empresa, *com tantos acionistas com frações pequenas da sociedade,* surgiu um novo impasse que ficou conhecido como o "**problema do *free rider*"** ou do "**carona**". Esse problema pode ser mais bem descrito da seguinte forma: "Como estimular um acionista ou grupo de acionistas *para atuar na gestão da empresa,* considerando que o seu trabalho traria custos *só para este acionista ou grupo de acionistas, enquanto os **benefícios** de sua administração **seriam capturados por todos, inclusive os que não participaram da gestão**?"

190 Introdução a Relações com Investidores

As empresas com essas características passaram a ser conhecidas como empresas do público ou como companhias com o seu capital *disperso* em poder do público. Ou, em inglês, **Public Companies**. Um significado *completamente* diferente das Empresas Públicas no Brasil, que são aquelas pertencentes ao governo. E, essas empresas, cujas ações eram negociadas nas Bolsas de Valores, foram, em seguida, denominadas "**corporations**": "uma empresa ou organização formada por um grupo de pessoas com direitos e responsabilidades diferentes daquelas dos sócios envolvidos na condução dos seus negócios." Estes últimos passaram a ser denominados de "**controladores**", os quais, nas corporações, raramente detinham mais de 10% do capital total.

Ao longo do século passado, as *corporations* proliferaram nos Estados Unidos e no Reino Unido. Lá, e para eliminar o impasse do *free rider*, **profissionais especializados**, ou os "executivos" da companhia, *passaram a ser contratados para assumir as responsabilidades administrativas*, bem como a estratégia de crescimento da companhia. Essa solução eliminou a necessidade de se descobrir uma forma pela qual *alguns acionistas* o fizessem, *beneficiando os demais*.

A maior parte das empresas brasileiras tem o que se denomina de "**controle definido**". Mas, essa realidade vem mudando. E há um número crescente de empresas brasileiras que estão se tornado "corporações", sem acionistas controladores e com o seu capital pulverizado. Segundo o critério usado pelo IBGC, empresas de capital pulverizado são aquelas em que o *maior acionista possui menos de 10% do capital votante*.

A rede de lojas de varejo Renner foi a pioneira no Brasil, quando, em 2005, a sua controladora J.C. Penney vendeu suas ações no mercado. As primeiras empresas que se enquadram na categoria de empresas de controle difuso na B3, incluem: Gafisa, BR Malls, Embraer, Valid Soluções, PDG Realty, Hering e a própria BM&F Bovespa, hoje B3.

Ao longo do século passado, o que era "cobrado" então dos executivos contratados e a preocupação maior dos proprietários era a *de aumentar a eficiência da companhia, seu tamanho, o tamanho do seu market share etc*. Essa "cobrança" é que acabou por eliminar o "*Facharbeiter*" da Alemanha, ou o "***chefe-artesão***". Nas novas empresas industriais ele foi substituído pelos especialistas, hierarquizados nos organogramas e utilizando novas "ferramentas" e métodos administrativos. O que deu origem, por sua vez, ao "**administrador profissional**", ao longo do século XX.

O "PROBLEMA DE AGÊNCIA"

No final da década de 1970, um estudo acadêmico detectou e caracterizou um *novo problema*, denominado de "**problema de agência**". "Agência" aqui vem do inglês "agency": *uma pessoa ou entidade por meio da qual o poder é exercido ou um fim é alcançado*. Vários outros estudos e outras análises convergiram para o mesmo questionamento quanto à capacidade ou o interesse dos gestores (profissionais) de agirem no melhor benefício dos proprietários. Inicialmente pensava-se que a "*ética e o profissionalismo*" seriam as respostas óbvias. Mas, o fato é que a realidade financeira se impunha e concluiu-se que esses executivos apenas fariam esse *maior esforço se pudessem se beneficiar dele também*.

O **problema de agência**, ou do "**principal agente**", foi então definido como aquele que decorre da *separação entre quem recebe o benefício de uma ação (o principal) de quem a executa aquela ação (o agente)*. A partir desse ponto, surge a indagação óbvia: como os acionistas poderiam monitorar o trabalho desses agentes e, ao mesmo tempo, *induzir os seus melhores esforços?* Essa questão, por sua vez, se complicava numa "corporation" por um terceiro problema que seria a "assimetria de informações" entre as partes: ou seja, os gestores certamente conheciam muito mais do negócio do que os seus próprios donos (que deveriam dar as orientações)!

Quando investimos em uma empresa, seja como pessoa física ou jurídica, assumimos os poderes legais de *proprietários* ou donos. Entretanto, em qualquer desses modos são os *executivos e gerentes* que conhecem melhor a empresa. Além disso, são eles que, no dia a dia, têm também o controle de suas atividades. E, como já mencionado, há poucos incentivos para que um *pequeno investidor* ("***problema do free rider***") acompanhe **sozinho** a atuação da empresa de forma sistemática.

O desenvolvimento da **Governança Corporativa** e a consolidação internacional das **boas práticas de governança** se mostrou uma solução adequada para minimizar os problemas tanto da assimetria de informações, como do "free rider".

A facilitação da *segurança institucional* pelas práticas da **Common Law**, *quando o Direito se **baseia mais na jurisprudência** do que nas leis*, como no caso dos Estados Unidos e na Inglaterra, ajudou muito o grande crescimento das "corporations" no Hemisfério Norte e em especial nesses países. Mas, na maioria dos demais países, Brasil inclusive, predomina a "**propriedade concentrada**", na qual um indivíduo, uma família ou um grupo de investidores controla a maioria das ações com direito a voto. O que influenciou aqui, no desenvolvimento da Governança Corporativa *ajustada aos nossos problemas locais.*

O tema "Governança Corporativa" ganhou maior importância, principalmente, após as crises de gestão da *Enron Corporation e da Worldcom*, em 2001, nos Estados Unidos (registrou-se também, num período próximo, uma série de outras crises assemelhadas, embora menores). Em 2002, e como consequência dessas crises, o governo norte-americano aprovou no seu Congresso a nova **legislação Sarbanes-Oxley,** buscando justamente *recuperar a confiança do grande público* na Governança Corporativa das empresas do país. Essa nova legislação afeta diretamente cerca de trinta empresas brasileiras listadas também nos EUA.

A lei **Sarbanes-Oxley** ("SOX") estabeleceu uma série de medidas relativas à Governança, às responsabilidades dos Auditores Externos, dos Conselhos de Administração, da Diretoria Executiva etc. *Não pretendo apresentar aqui a legislação SOX, como um todo. Não é o propósito deste livro.* Mas, para dar ao leitor uma ideia melhor do que abrange a Governança Corporativa, suas preocupações e regulamentos, resumi a seguir alguns tópicos importantes de *partes da SOX.*

Em relação aos **Conselhos de Administração**, a SOX estabeleceu que estes devam ter um **Comitê Independente de Auditoria** a seu serviço, selecionado e *contratado pelo Conselho, e não pela Diretoria Executiva* da empresa. Esse comitê precisa estabelecer mecanismos para receber e analisar informações sobre eventuais incorreções contábeis ou dos controles internos. E, ao menos um dos membros desse Comitê Independente precisa ser um "expert" em finanças.

Por exemplo, *a escolha dos Auditores Independentes passou a ser de responsabilidade desse Comitê de Auditoria* e não mais da Diretoria Executiva da empresa. O comitê, por sua vez, deve se reportar somente e diretamente ao Conselho de Administração da Companhia. A SOX também limitou muito as atividades de consultoria eventualmente prestadas por firmas de auditoria aos seus clientes (evitando assim, conflitos de interesse). Nos Estados Unidos, a rotação de auditores não é obrigatória; mas a rotação do "sócio responsável" na empresa de auditoria, sim.

Foi também estabelecida uma **quarentena de um ano** para contratações de executivos das auditorias como executivos financeiros das ex-clientes auditadas. As auditorias externas à empresa e por ela contratadas passaram também a ter que **guardar por sete anos** a documentação sobre seus clientes, assim como atestar sobre a eficiência que eles têm em seus controles internos.

Com relação à Diretoria Executiva, **o Presidente da companhia e o seu Diretor Financeiro passam a ter a obrigação de assinar eles próprios relatórios contábeis e financeiros e a atestar a sua responsabilidade em relação aos controles internos**, quanto à sua existência e à sua eficácia.

Eles também não podem exercer pressão sobre o Comitê Independente, não podem transacionar com ações da empresa em determinados períodos e precisam divulgar, assim como outros "insiders", essas eventuais negociações com ações da companhia, com maior transparência e rapidez.

OS MODELOS "SHAREHOLDER E STAKEHOLDER"

Nos países de propriedade concentrada, como no Brasil, o principal problema existente no mundo anglo-saxão (a possibilidade de oportunismo gerencial decorrente da assimetria de informações e "free rider") *não era tão importante*! Não era o "X" da questão. Os elevados investimentos na empresa realizados pelos acionistas controladores lhes davam os *incentivos necessários* para que *eles mesmos* desempenhassem um monitoramento efetivo e muito próximo da empresa, *inclusive com a possibilidade de indicar ("seus") conselheiros e executivos.*

O **problema de agência** se **desloca então da relação acionista-executivo para controlador-minoritário**, ou **problema de agência horizontal** ou **problema principal-principal**. Tornava-se crítico aqui assegurar um *tratamento igualitário a todos os acionistas*. Internacionalmente, esses dois contextos clássicos de governança têm sido denominados como **modelos "Shareholder" e "Stakeholder"**, respectivamente.

> No modelo *Shareholder*, mais típico do "primeiro mundo", **a propriedade é pulverizada e o problema de agência se mostra relevante**, exigindo que os acionistas se organizem para *controlar o comportamento dos executivos*, tipicamente pelo **fortalecimento dos conselhos de administração**, e que os mercados de capitais tenham informação e capacidade para inibir algum oportunismo gerencial, sugerindo ações para a **maximização do valor do acionista**.
>
> No modelo *Stakeholder*, presente na maioria dos demais países, **predominam os blocos de controle**, formados por *famílias, investidores,*

bancos ou governos, que controlam o "management", *segundo seus objetivos*. **Nesse caso, o problema relevante é minimizar o potencial de expropriação desses controladores sobre os minoritários!**

Os problemas da *assimetria de informação* entre acionistas e executivos e do "free rider" existem, também, no Brasil e nesses países. Neles, a solução de Governança alcançada foi a de se *fortalecer o papel do Conselho de Administração* (CA), que até meados da década de 1970 tinha, na realidade, um *papel um tanto secundário* na administração da companhia.

Passou-se a organizar Conselhos de Administração com especialistas com grande experiência profissional, capacitação técnica e financeira e com amplo acesso aos mais variados relatórios de gestão. Esse grupo, portanto, passou a ser **capaz** de acompanhar, orientar e **cobrar resultados** dos executivos, *reduzindo a assimetria de informação entre os proprietários e os gestores*. E, com *remunerações atraentes* para os Conselheiros, eliminou-se também o problema do "carona". Não apenas as remunerações fixas dos conselheiros tiveram importante aumento, como também a *parcela variável* delas, composta por bônus e "stock options".

O DESENVOLVIMENTO DA GOVERNANÇA CORPORATIVA NO BRASIL

Na prática, aqui no Brasil e nos países congêneres, o objetivo central da Governança Corporativa é o de assegurar os direitos dos stakeholders, **principalmente dos acionistas minoritários**, assim como a transparência nas decisões dos diretores, no uso de recursos financeiros, ética na condução dos negócios, evitar fraudes e definir responsabilidades claramente.

No Brasil, houve grandes avanços em Governança Corporativa, nos últimos anos. O **IBGC** foi fundado em 1995, quatro anos depois, emitiu o seu primeiro "**Código de Boas Práticas**" de Governança, revisado e atualizado em anos subsequentes. Em 2001, a Bovespa introduziu o conceito do "**Novo Mercado**", uma série de **opções voluntárias** de níveis diferenciados de Governança Corporativa para as empresas listadas (***Nível I; Nível II e Nível Novo Mercado***).

RI E GOVERNANÇA CORPORATIVA **195**

O **Novo Mercado** encoraja as empresas de capital aberto a valorizar suas ações através de **melhoras nas suas práticas de Governança**. No nível mais alto, **nível Novo Mercado**, as empresas participantes *renunciam ao lançamento de "ações preferenciais"* (sem direito a voto) e a adesão a este nível ainda exige, por exemplo:

- Ampla distribuição das ações (estimula sua "pulverização") através de um "float" mínimo de 25% (ações disponíveis no mercado, em circulação).
- Direito de "tag along" para as ações dos minoritários em relação às ações de controladores, no caso de venda da companhia.
- Conselho de Administração de, no mínimo, cinco membros. Adicionalmente, no mínimo 20% do total de Conselheiros deverá se constituir de Conselheiros Independentes.
- Divulgação de demonstrações financeiras de acordo com padrões internacionais IFRS ou US GAAP.
- Inexistência de Partes Beneficiárias (títulos negociáveis sem valor nominal e estranho ao Capital Social. Observa-se que a Lei 10.303/2001 instituiu a vedação às companhias abertas de emiti-las).
- Realização de reuniões públicas com analistas e investidores, ao menos uma vez por ano.
- Apresentação de um calendário anual de eventos.
- Divulgação dos termos dos contratos firmados entre a companhia e partes relacionadas.
- Melhoria nas informações prestadas adicionando, entre outras: a quantidade e características dos valores mobiliários de emissão da companhia detidos pelos grupos de acionistas controladores, membros do Conselho de Administração, diretores e membros do Conselho Fiscal, bem como a evolução dessas posições.
- Melhoria nas informações prestadas, adicionando às Informações Trimestrais (ITR's), entre outras: demonstrações financeiras consolidadas e a demonstração dos fluxos de caixa.
- Melhoria nas informações relativas a cada exercício social, adicionando às Demonstrações Financeiras Padronizadas (DFP's) — documento que é enviado pelas companhias listadas à CVM e à B3,

disponibilizado ao público e que contém demonstrações financeiras anuais — entre outras, a demonstração dos fluxos de caixa.

- Compromisso de compra das ações em circulação, se a empresa tiver seu "capital fechado" ou deixar o Novo Mercado.

- Disponibilização de informações sobre investimentos em derivativos, se existentes.

- Quando da realização de distribuições públicas de ações, adoção de mecanismos que favoreçam a dispersão do capital.

- Resolução de eventuais conflitos entre acionistas através "Câmara de Arbitragem".

O Banco Central do Brasil e em seguida a CVM estabeleceram regras exigindo a **rotação das Firmas de Auditoria** das empresas listadas em Bolsa **após cinco anos de trabalhos** e a Bovespa desenvolveu o **IGC** (Índice de Governança Corporativa).

A **SOX norte-americana**, por sua vez, afeta *cerca de trinta companhias brasileiras*, listadas em Nova York. E a SEC atendeu ao pedido dessas empresas *aceitando o uso do "Conselho Fiscal" (com suas obrigações ampliadas — ou "o Conselho Fiscal Turbinado" brasileiro) no lugar do Comitê de Auditoria* exigido nos Estados Unidos.

O Conselho Fiscal no Brasil se reporta à Assembleia Geral dos acionistas, e **não** ao Conselho de Administração. Mas há empresas brasileiras que optaram por organizar *também* Comitês de Auditoria, complementarmente aos Conselhos Fiscais, para melhorar sua própria fiscalização e controles.

GOVERNANÇA CORPORATIVA NÃO É GESTÃO

Na empresa moderna, a otimização da eficiência é compartilhada entre proprietários e gestores. A atenção é mais abrangente e se desloca da administração (apenas) para a Governança ou para o "Governo da companhia". Há também um deslocamento do poder dos gestores, com quem estava até então localizado, para os proprietários.

Antes, os desafios da gestão sempre estiveram relacionados à maximização da eficiência da empresa e à busca de seus objetivos e indicadores-chave de seu desempenho. No estágio atual da Governança Empresarial, o desafio passou a ser o de se organizar a propriedade para que, *com o conhecimento dos proprietários e as informações disponíveis entre os gestores,* defina-se melhor e mais claramente quais são *os reais objetivos da empresa* e, além disso, as formas de acompanhar o seu alcance. Ou seja, enquanto a gestão busca a eficácia e a eficiência, a Governança trata do alinhamento dos resultados aos efeitos e impactos *desejados por seus proprietários.*

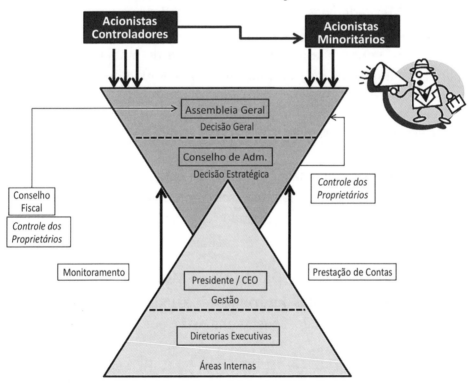

SISTEMAS, CÓDIGOS E DIRETRIZES

Em 1992, o **Cadbury Report**, com recomendações sobre comportamentos desejáveis das empresas listadas em Bolsas, alcançou destaque por ser divulgado quando diversas corporações britânicas foram à bancarrota pela falta de prestação de contas dos seus administradores.

Ao consolidar as suas recomendações em um *código de boas práticas*, o Cadbury Report iniciou um movimento que hoje se manifesta em praticamente todos os países. O site do **European Corporate Governance Institute** (https://ecgi.global/content/codes-0) apresentava, em setembro de 2014, os principais códigos de 95 países.

No Brasil, as principais orientações vêm do **IBGC**, com seu **Código de Boas Práticas**, editado desde 1999 e atualmente na 5ª Edição, de 2015. Além dos códigos e diretrizes, possivelmente o instrumento que mais impulsionou a difusão das boas práticas de governança no mercado brasileiro foi a criação, pela B3, então BM&FBovespa, do **Novo Mercado**.

O **Novo Mercado** constitui um segmento de listagem, diverso do mercado principal, destinado à negociação de ações emitidas por empresas que se comprometem, **voluntariamente,** com a adoção de práticas de Governança Corporativa em padrões mais elevados que aqueles exigidos pela legislação.

O CÓDIGO DAS MELHORES PRÁTICAS DO IBGC

"As boas práticas de Governança Corporativa convertem princípios em recomendações objetivas, alinhando interesses com a finalidade de preservar e otimizar o valor da organização, facilitando seu acesso a recursos e contribuindo para sua longevidade."

QUATRO PRINCÍPIOS BÁSICOS ORIENTAM AS MELHORES PRÁTICAS

- **Transparência das informações:** a todas as partes interessadas, não se restringindo àquelas impostas por disposições de leis ou regulamentos.

  Mais que a obrigação de informar, a administração deve cultivar o desejo de disponibilizar informações relevantes e não apenas aquelas impostas por disposições de leis ou regulamentos.

  Ou seja, a comunicação deve contemplar todos os fatores (inclusive intangíveis) que conduzem à criação (ou destruição) de valor.

- **Equidade:** caracterizada pelo tratamento justo de todos os sócios e demais partes interessadas.

  Atitudes ou políticas discriminatórias, sob qualquer pretexto, são totalmente inaceitáveis.

  Partes interessadas (stakeholders) — acionistas, credores, clientes, fornecedores, funcionários.

- **Prestação de Contas** ("Accountability"):

  Os agentes da Governança (aí incluídos os Conselhos Fiscal e de Administração) devem dar conhecimento e assumir integralmente as consequências dos atos e omissões praticados no exercício dos mandatos.

- **Responsabilidade Corporativa:** cabe aos agentes de governança zelar pela sustentabilidade das organizações e sua longevidade, incorporando considerações de ordem social e ambiental nos negócios:

  Conselheiros e executivos devem zelar pela longevidade das organizações, incorporando considerações de ordem social e ambiental de longo prazo na definição dos negócios e operações (sustentabilidade).

O QUE É A CVM 586?

Com o objetivo de assegurar maior transparência às informações para os investidores do mercado de Equity brasileiro, a Comissão de Valores Mobiliários publicou, em junho de 2017, a Instrução **CVM nº 586** que introduziu novas regras para as empresas de Categoria "A", listadas na B3.

A principal novidade da **Instrução CVM nº 586** é a obrigatoriedade pelas companhias de divulgar informações sobre a aplicação das **práticas previstas** no **Código Brasileiro de Governança Corporativa** (CBGC). A nova norma segue o modelo "**pratique ou explique**", em que as companhias *não são obrigadas a seguir as diretivas do CBGC*, mas devem *explicar o motivo de não terem, eventualmente, adotado aquelas práticas.*

Principais mudanças trazidas pela CVM nº 586:

- A CVM passou a obrigar a confecção de um novo relatório periódico, o "**Informe Sobre o Código Brasileiro de Governança Corporativa**". Este tem o prazo de entrega de até sete meses após o fim do exercício social.
- **Aumento substancial do volume de informações** referentes à Governança Corporativa e sobre o Compliance da empresa, que devem constar do **Formulário de Referência** (FRE) da companhia.
- Redução das informações prestadas sobre a estrutura administrativa da companhia no FRE, que passa a exigir somente informações relativas ao Conselho de Administração e dos comitês que se reportam à administração.
- O prazo de atualização do FRE passou a ser de sete dias úteis quando houver qualquer alteração do administrador, de membros do Conselho Fiscal, ou membros dos comitês de auditorias, de risco, financeiro e de remuneração.
- Obrigatoriedade do preenchimento do formulário de informações trimestrais (ITR) pela diretoria, também acompanhado da declaração dos diretores responsáveis pela elaboração das demonstrações financeiras.

O principal objetivo da Instrução CVM n° 586, portanto, consiste no dever dos emissores de divulgar informações **comparando suas práticas de Governança Corporativa com aquelas recomendadas no CBGC**.

O código por sua vez está dividido em cinco capítulos: Sócios; Conselho de Administração; Diretoria; Conduta e Conflito de Interesses. Para cada um dos capítulos são apresentadas diretrizes que devem orientar as empresas e os agentes da governança. O código pode ser encontrado no site do IBGC (www.ibgc.org.br).

"PRATIQUE OU EXPLIQUE"

O **Código Brasileiro de Governança Corporativa** foi produzido pelo GT Interagentes, formado por onze relevantes entidades relacionadas ao Mercado de Capitais, cujos esforços foram coordenados pelo **IBGC.**

Como já observado, o novo documento periódico anual, o **Informe de Governança Corporativa** segue uma abordagem conhecida como **"pratique ou explique"**. Esse modelo parte da premissa de que determinadas práticas de Governança Corporativa **poderão ser aplicadas** *conforme a realidade e as necessidades de cada companhia*, sem tornar os dispositivos do Código indistintamente obrigatórios. Caberá, no entanto, a cada companhia explicar publicamente à CVM e ao mercado as particularidades que eventualmente justifiquem **a não adoção** de qualquer das práticas recomendadas.

Em seus diversos princípios e práticas recomendadas, o Código Brasileiro de Governança aborda diversos temas essenciais, tais como: direitos dos acionistas, atribuições e funcionamento dos órgãos sociais, remuneração de administradores, gerenciamento de riscos e controles internos, identificação e administração de conflitos de interesses e código de conduta.

GOVERNANÇA E O PAPEL DO RI

Boas práticas de Governança Corporativa podem ser definidas como aquelas que *tornam mais eficientes as relações entre os proprietários*, e destes com os gestores e demais partes interessadas, incluídos o mercado de capitais, clientes, governo e sociedade.

Pesquisas com o mercado de capitais confirmam que a percepção da boa qualidade das normas e das práticas de Governança Corporativa de uma empresa influi de maneira importante no seu **Valor de Mercado** e nos seus custos de captação. **Daí a ligação com as atividades e os objetivos de RI.**

É relevante assinalar que em relação à **Reputação Corporativa** da empresa e ao trabalho do RI, a ótica do mercado sobre a Governança Corporativa da companhia é, em grande medida, uma visão de *obrigação ética e moral dos administradores da empresa*. Afinal, eles a dirigem por delegação dos seus acionistas e devem visar sempre à criação de valor para todos os stakeholders.

Um fator fundamental para a decisão de uma pessoa ou grupo de pessoas em relação à sua participação direta ou indireta em uma organização (por exemplo: ao adquirir suas ações) é a **confiança** de que elas terão no seu retorno, nos seus dividendos ou a na sua remuneração, conforme o esperado ou estimado.

Todos os stakeholders de uma mesma organização têm um interesse comum em relação ao bom desempenho da companhia: Os acionistas recebem os retornos nos investimentos que fizeram nas ações e nos títulos da companhia; os clientes recebem produtos de qualidade e bons serviços; fornecedores são pagos corretamente, sem surpresas ou atrasos por suas matérias–primas e serviços, diretores, empregados e gerentes recebem seus salários e benefícios da empresa. Além disso, a boa reputação da empresa se reflete na reputação dos profissionais que nela trabalham.

Se outras partes interessadas *passam a receber algo diverso e acima do que foi "contratado"*, previsto ou divulgado, os demais stakeholders **se sentirão prejudicados** e podem decidir não mais "participar" da organização. Além disso, a **reputação corporativa** fica seriamente comprometida. Situações como essa, se muito frequentes ou de grande vulto, podem gerar até mesmo um grande colapso empresarial.

Os elementos-chave ou as "boas práticas" de governança adotadas pela companhia necessitam incluir: honestidade nos negócios; confiança e respeito mútuos; integridade e responsabilidade profissional; orientação por criação efetiva de valor e compromisso com a própria organização. A alta administração, particularmente, precisa se conduzir honesta e eticamente nas questões associadas a eventuais *conflitos de interesse* entre os stakeholders. Em especial, entre os acionistas majoritários e minoritários, bem como em relação à **transparência dos relatórios contábeis e financeiros divulgados pelo RI**.

Obviamente, *o papel do RI em relação a este princípio é fundamental*. As companhias devem respeitar e assegurar o tratamento igualitário de todos os seus acionistas. As informações relevantes da empresa precisam ser divulgadas de forma transparente, tempestiva e homogênea a todos os detentores de ações. A empresa deve estimular, inclusive, a participação dos acionistas nas Assembleias Gerais da companhia.

A INSTRUÇÃO Nº 586 E "COMPLIANCE"

Além do que já foi descrito, a **Instrução CVM nº 586** exige algumas alterações no Formulário de Referência da companhia, que incluem:

- Descrever os processos e sistemas internos de integridade para prevenir, detectar e sanar problemas como fraudes e outros ilícitos eventualmente praticados por suas equipes de executivos, conselheiros etc.
- Informar se a empresa possui políticas e manuais de procedimento com o mesmo objetivo.
- Informar os critérios de remuneração dos conselheiros e diretores executivos.
- Informar se o CA tem um regimento interno (idem, comitês); se a companhia possui Comitê de Auditoria estatutário e de que forma o Conselho avalia os trabalhos dos Auditores externos independentes.

O RI, GOVERNANÇA CORPORATIVA E O CONSELHO DE ADMINISTRAÇÃO (CA)

O CA necessita de uma composição de membros diretores adequada ao entendimento, acompanhamento, cobrança do desempenho e dos resultados da diretoria executiva, e mesmo para desafiá-la, continuamente, nas suas metas. As boas normas de Governança apontam para a separação entre as funções da Presidência da companhia da Presidência do Conselho.

Um objetivo profissional importante para o RI da companhia é o de **passar a ser reconhecido pelo CA**, na prática, como *um parceiro interno na organização*. O RI detém informações de grande valor para o CA relativas à percepção do mercado sobre a companhia, suas estratégias, investimentos, seu posicionamento em relação à concorrência, sobre **a visão do mercado em relação às práticas de Governança Corporativa da empresa** e até mesmo sobre o *desempenho de seus administradores*. É um desafio profissional para o "RI estratégico" "vender" esse conceito para os membros do CA, pois não temos ainda es*sa cultura plenamente implantada no Brasil*.

AS EXIGÊNCIAS DOS NOVOS NÍVEIS DE GOVERNANÇA CORPORATIVA NA B3

	NOVO MERCADO (A PARTIR DE 02/01/2018)	NÍVEL 2	NÍVEL 1	BÁSICO
CAPITAL SOCIAL	Somente ações ON	Ações ON e PN (com direitos adicionais)	Ações ON e PN (conforme legislação)	Ações ON e PN (conforme legislação)
VEDAÇÃO A DISPOSIÇÕES ESTATUTÁRIAS	Limitação de voto inferior a 5% do capital, quórum qualificado e "cláusulas pétreas"	Limitação de voto inferior a 5% do capital, quórum qualificado e "cláusulas pétreas"	Não há regra específica	Não há regra específica
COMPOSIÇÃO DO CONSELHO DE ADMINISTRAÇÃO	Mínimo de 3 membros (conforme legislação), dos quais, pelo menos, 2 ou 20% (o que for maior) devem ser independentes, com mandato unificado de até 2 anos	Mínimo de 5 membros, dos quais, pelo menos, 20% devem ser independentes, com mandato unificado de até 2 anos	Mínimo de 3 membros (conforme legislação), com mandato unificado de até 2 anos	Mínimo de 3 membros (conforme legislação)
VEDAÇÃO À ACUMULAÇÃO DE CARGOS	Presidente do conselho e diretor presidente ou principal executivo pela mesma pessoa. Em caso de vacância que culmine em acumulação de cargos, são obrigatórias determinadas divulgações	Presidente do conselho e diretor presidente ou principal executivo pela mesma pessoa	Presidente do conselho e diretor presidente ou principal executivo pela mesma pessoa	Não há regra específica

RI E GOVERNANÇA CORPORATIVA **205**

	Novo Mercado (a partir de 02/01/2018)	Nível 2	Nível 1	Básico
DEMONSTRAÇÕES FINANCEIRAS	Conforme legislação	Traduzidas para o inglês	Conforme legislação	Conforme legislação
CONCESSÃO DE TAG ALONG	100% para ações ON	100% para ações ON e PN	80% para ações ON (conforme legislação)	80% para ações ON (conforme legislação)
ADESÃO À CÂMARA DE ARBITRAGEM DO MERCADO	Obrigatória	Obrigatória	Facultativo	Facultativo
COMITÊ DE AUDITORIA	Obrigatória a instalação de comitê de auditoria, estatutário ou não estatutário	Facultativo	Facultativo	Facultativo
AUDITORIA INTERNA	Obrigatória a existência de área de auditoria interna que deve atender aos requisitos indicados no regulamento	Facultativo	Facultativo	Facultativo
COMPLIANCE	Obrigatória a implementação de funções de *compliance*, controles internos e riscos corporativos, sendo vedada a acumulação com atividades operacionais	Facultativo	Facultativo	Facultativo

(Fonte: Brasil S.A., 2ª Edição.)

A EVOLUÇÃO DOS NOVOS NÍVEIS DE GOVERNANÇA CORPORATIVA NA B3

EMPRESAS NA B3:	2009	2009 %	2019	2019 %
Novo Mercado	105	24,2%	140	37,9%
Nível 2	19	4,4%	19	5,1%
Nível 1	35	8,1%	27	7,3%
Tradicional	275	63,4%	183	49,6%
TOTAL	434		369	

(Fonte: Brasil S.A., 2ª Edição.)

16
PREPARANDO E FAZENDO APRESENTAÇÕES

Uma apresentação precisa ser atraente. Mais do que entreter uma plateia, o RI deve despertar interesse real naquilo que está sendo mostrado: a empresa na qual trabalha, o produto que ele "vende". Por mais rica em informações que uma apresentação seja, o RI só terá sucesso como apresentador se conseguir, de fato, conquistar o interesse da audiência.

Portanto, é preciso ter em mente algumas estratégias. É importante que o RI busque ser "um bom apresentador", que pesquise e se prepare para manter bom domínio do público. Inclusive, de como ser capaz de descontrair um pouco o ambiente, evitando ser monótono, mantendo os participantes despertos e atentos.

Nos momentos certos, até mesmo uma ou outra piada bem colocada, pode ser um diferenciador e evitar que as pessoas "cochilem" na sua apresentação. Algo leve, do tipo: *"Antes de começar a falar, tenho algo realmente importante a dizer…"* (Groucho Marx).

Ou seja, podemos admitir certa *criatividade* e *leveza* para evitar que a palestra se torne enfadonha. É óbvio que qualquer elemento utilizado para descontrair o ambiente, como um comentário espirituoso, pressupõe o primordial: o RI precisa ter — e passar — uma segurança total sobre as informações mostradas na apresentação, não só da empresa como também do setor no qual ela está inserida, em relação à concorrência, à economia do país e internacional.

Um lembrete essencial: **antes de fazer uma apresentação, o RI deve torná-la pública oficialmente,** seguindo os preceitos legais. Isso porque, mesmo com 150 ou 300 pessoas em um auditório, elas não constituem todos os públicos de relacionamento da companhia; e as instâncias reguladoras do mercado, como a CVM no Brasil e, se a sua empresa tiver ADR's, a

SEC nos Estados Unidos, por exemplo, podem entender que houve *vazamento de informação* privilegiada para aquele pequeno grupo de participantes.

Basta arquivar a apresentação previamente na CVM ou na SEC e disponibilizá-la no site de RI da companhia para que ela seja considerada pública. Desta forma, o RI e a empresa ficam livres de um problema desnecessário.

A APRESENTAÇÃO EM SI

O ideal é o próprio RI desenvolver a apresentação. Se, por algum motivo, a missão foi passada à sua equipe, é o apresentador quem tem que orientar, slide a slide, a equipe de apoio e preparo, além de estudar detalhadamente o material produzido, antes de se colocar diante da plateia.

Um detalhe importante: o apresentador precisa **estar confortável** com a apresentação toda; *inclusive com a ordem dos slides* — para não ser surpreendido por uma imagem desconhecida que surja "de repente" na sequência. Isso facilita o domínio de sua palestra e *evita que ele se perca diante do auditório.* É necessário que haja alguém na equipe de RI com *amplo domínio* na ferramenta da apresentação. Melhor ainda, se o próprio apresentador tiver algum domínio sobre o programa e souber introduzir, ele mesmo, eventuais alterações de última hora, eliminar ou introduzir novos slides.

Explica-se: o RI viaja muito e *terá momentos em que estará sozinho,* às vezes no exterior, para uma série de eventos e apresentações. Se surgir um Fato Relevante novo — pois a empresa acabou de vender uma subsidiária importante, por exemplo —, obrigatoriamente ele terá de atualizar a apresentação, tirando slides e inserindo outros, mudando gráficos ou tabelas. O RI precisa ser autônomo nessas horas, não pode depender de sua base e ou da ajuda de alguém da equipe, muitas vezes inacessível ou enfrentando cinco, seis horas de diferença no fuso horário.

Uma vez *definida a ordem dos slides,* é bom prestar atenção se eles não são **numerosos demais**, se não há *informações redundantes* e se não **seria possível *"enxugar a apresentação"***. Pouco acrescenta fazer um "festival de slides". O excesso só cansará a audiência. Um dado interessante: o uso de gráficos e outros elementos de ilustração aumentam a capacidade de atenção do público em cerca de vinte minutos a meia hora, não muito mais que isso.

Recomendo que uma apresentação **nunca ultrapasse os trinta slides**. De forma que em quarenta minutos, no máximo, o RI *consiga passar a sua mensagem*. Isso porque, após esse tempo, a audiência tende a dispersar sua atenção. E se a apresentação fizer parte de um painel, **fica deselegante tomar o tempo dos demais**.

E, isso ainda causa um grande estresse para os organizadores e ao próprio apresentador, que começará a receber sinalizações insistentes, durante sua palestra, para encerrá-la. E, no pior dos cenários, possivelmente sem ter ainda passado pelo "**punch line**".

Para os que acham que quarenta minutos é *pouco tempo*, preparem-se para uma notícia ruim: normalmente, os organizadores de eventos do mundo corporativo, como os bancos de investimento, vão insistir em apresentações de vinte minutos, no máximo. Claro que dependendo do tamanho da empresa, essa é uma tarefa que pode se tornar muito difícil. Mas o RI tem de enfrentar esse desafio buscando objetividade e concisão a fim de identificar e **destacar o que é realmente relevante** e ainda focar o seu bom desempenho e apresentar-se com confiança. *Lembre-se: o bom profissional respeita a agenda.*

Por isso, é **fundamental saber com antecedência** *quem é o público da apresentação* e *quais os principais temas esperados e de grande interesse naquele momento*. Essas informações vão ajudar o RI a montar sua apresentação e seus slides de forma a melhor atender às expectativas da audiência.

Portanto, antes mesmo de se preocupar com a apresentação em si, o RI deve **entrar em contato com os organizadores do evento e se inteirar da agenda**, **qual o foco** e **quem é o público que estará lá**. A *lista dos investidores presentes* é importante para saber, primeiro, se eles já conhecem a empresa e, mais importante, **se já são seus investidores**. As duas informações garantem uma apresentação de maior efeito.

Em relação aos números da companhia, o melhor "mapa" de uma apresentação financeira é a **Demonstração de Resultados** (**DRE**) da empresa. E a sequência mais adequada dos slides tende a ser a *sequência das linhas da DRE*: receita bruta, receita líquida, despesas operacionais etc. As informações vão "descendo" até finalmente chegar ao lucro líquido do exercício.

E, devem ser apresentadas as variações no tempo das principais linhas e a sua análise variacional. Em geral, as comparações devem ser entre o trimestre atual e o anterior; entre o trimestre atual e o mesmo trimestre no exercício anterior, bem como entre os valores acumulados até aquele trimestre e aqueles acumulados no mesmo período do ano anterior.

Uma atenção especial deve ser dada à apresentação de *projeções da companhia* e, consequentemente, ao preparo e ao conteúdo do slide de introdução. Nesses casos, tal slide (ou **disclaimer**) **precisa estar presente** e ser desenvolvido com base no respectivo "Safe Harbor Regulation" da SEC, em relação a projeções de resultados. Isto quer dizer que os números e dados apresentados foram selecionados com "**boa-fé**".

Ou seja: o primeiro slide é um alerta especial para o público sobre *possíveis variações futuras das eventuais projeções mostradas*. E assegura aos presentes que os números e premissas adotados **são os melhores disponíveis**, mas que *podem sofrer alterações imprevistas*. É importante que o texto seja desenvolvido pela área jurídica da empresa, para ser aplicado em todas as apresentações da área de RI.

Outro detalhe importante a ser levado em conta é o **EBITDA**. É bom ter cautela com relação a esse importante indicador, que — na prática — é muito acompanhado pelos Analistas de Mercado. O **EBITDA** (do inglês *Earnings Before Interest, Taxes, Depreciation and Amortization*) — ou seu termo correspondente em português, **LAJIDA** (*Lucro antes dos Juros, Impostos, Depreciação e Amortização*) — **não é uma medida contábil oficial**. Não é um dado governado, por exemplo, pelas normas contábeis brasileiras ou americanas. São comuns as "variações individualizadas" de sua fórmula e, não raro, cada empresa tem a sua própria mensuração do EBITDA, criado "sob medida". Segundo as orientações da CVM, o cálculo do LAJIDA deve ter como base os números apresentados nas demonstrações financeiras da companhia e deve ser acompanhado da conciliação com o lucro operacional da empresa.

O seu o cálculo deve ser obtido da seguinte forma: LAJIDA = resultado líquido do período + tributos sobre o lucro + despesas financeiras líquidas das receitas financeiras e das depreciações, amortizações e exaustões. A informação deve ser auditada e comparável com períodos anteriores. Assim, e, em relação ao **EBITDA**, deve-se *colocar uma **ressalva na apresentação***, explicando os usos dessa importante variável na companhia e **descrevendo a fórmula** que a empresa usa para seu cálculo.

O FORMATO DA APRESENTAÇÃO IDEAL

Creio que a apresentação ideal deva começar com uma *panorâmica da empresa*, seu setor e sua inserção no contexto macroeconômico do país. Mas se há uma restrição de tempo e o RI sabe que a maioria do público já acompanha a empresa, pode-se pular essa introdução.

Uma boa apresentação deve sempre conter um **slide introdutório** que mostre os eventos recentes mais importantes da companhia, mesmo para aqueles que a conhecem, atualizando a audiência sobre os fatos e variações marcantes do último trimestre ou exercício, por exemplo.

Se for uma apresentação pós-divulgação de resultados, o público vai querer detalhes sobre isso. E o RI pode e deve se concentrar no que mais interessa, *fazendo as comparações pertinentes com períodos anteriores* e explicando as principais e mais importantes variações entre as linhas da DRE, do Balanço Patrimonial e do Fluxo de Caixa. Sem esquecer as alterações das principais variáveis operacionais: produção, vendas, market share, evolução dos investimentos, da dívida e do "Capex" (*Capital Expenditures*).

Além de concisa e atraente, uma apresentação não pode ser uma parafernália de imagens coloridas e berrantes. O ideal é usar poucas cores e alinhadas com a imagem corporativa da companhia. Quando em dúvida, o fundo branco é sempre o melhor.

O "RI prevenido" é um profissional atento a todos os detalhes e que **cuida de sua apresentação previamente**, para que nada dê errado. Assim, ele deve **testar seus slides para corrigir possíveis defeitos**, antes de chegar ao local do evento. O que muitas vezes ganha bom efeito no papel, quando vai para a tela ofusca a vista ou borra a imagem. Ou pior, a distância, pode não estar tão legível como imaginado.

Sua apresentação será em local distante ou mesmo no **exterior**? **Chegue um dia antes**. Uma vez no local do evento, o RI precisa *checar com antecedência os equipamentos* que serão usados para projetar sua apresentação, passar slide por slide e garantir que a versão do software que usou é **compatível** com o computador e o projetor do local. Importante: leve backups no notebook, em pen drives etc.

Em eventos grandes, e quando possível, é recomendável fazer cópias impressas da apresentação para o público participante, deixando-as acessíveis ou nas cadeiras do auditório. Se não deu tempo ou se a apresentação é em local distante e o volume do material for muito grande, o último slide deve **conter o site da companhia** e a indicação de que é possível obter a apresentação via internet. Essa possibilidade deve estar sempre disponível.

Procure observar a sua postura durante a apresentação. Não faça gestos exagerados, mas também não assuma uma postura por demais relaxada ou, ao contrário, de afetação. Demonstre confiança e respeito ao público. Mostre que você dá importância àquela oportunidade de se dirigir a todos, a atenção do público a você e a mensagem da sua empresa. "Um truque": se pessoas começarem a demonstrar cansaço, provavelmente o tom do apresentador pode estar *monocórdio e tedioso*.

É bom observar o ritmo e o tom de voz que se utiliza. *Falar de maneira contínua em um mesmo tom por muito tempo **pode ser hipnótico***. É de boa técnica planejar algumas interrupções no ritmo, fazer pausas e *surpreender a plateia*. Melhor ainda, **interagir um pouco** com ela.

Importante também é o **contato visual**. Tente se dirigir à plateia como um todo e *não fale olhando apenas para as primeiras filas ou para este ou aquele grupo de participantes*. Uma sugestão é dividir *imaginariamente* o auditório em quadrantes, ora se dirigindo a um deles, ora aos outros. O RI faz boa apresentação quando "funciona como um maestro": é ele quem deve dominar a apresentação e o público; não o contrário.

Inevitavelmente, a audiência dará aquela "cochilada" se perceber que o apresentador está lendo os slides em voz alta em vez de acrescentar informações interessantes. As imagens e dados projetados devem ser usados **como um guia**, como **uma base** para comentários pertinentes e não como um mural para ser repetido oralmente. Por isso, uma boa dica é evitar, a todo custo, ler o que está na tela, muito menos demonstrar surpresa com o slide seguinte.

Sempre usei os slides como um **lembrete** sobre o assunto; como uma forma de *não ter que memorizar muitos números e dados* e, mais importante, *para não passar informações erradas*. Não é preciso repetir e comentar barra por barra, número por número de um gráfico, mas aproveitar o tempo para analisar o conceito geral, reforçando o conteúdo do que está sendo mostrado.

Por razões óbvias, é muito importante **checar os slides em relação à coerência interna** de toda a apresentação. *Nada mais frustrante do que slides* *com informações diferentes entre si.* E pior, conflitantes! Se isso ocorrer, há sempre o risco de o foco da apresentação se perder, na tentativa de se explicar o ocorrido (isso causa enorme mal-estar e estresse). Além disso, toda plateia tem aquele *"participante atento"*, cujo prazer é justamente "aparecer" e *apontar para o erro observado*, a fim de embaraçar o apresentador.

Ao encerrar, prepare um ***slide de sumário*** que resuma todas as principais informações transmitidas e, sobretudo, com a mensagem final e marcante (**Punch Line**) a ser lembrada. Procure aumentar a atenção da plateia especialmente neste momento, de "**assinatura do trabalho**".

Esteja também preparado para as perguntas dos presentes após a apresentação. Verifique se há um microfone disponível aos participantes. **Reserve sempre um espaço de tempo para esse contato, essa interação.** *Não se intimide com perguntas para as quais você não sabe a resposta.*

Aliás, a melhor resposta nesses casos é simplesmente: "**Não sei, mas vou averiguar e lhe responder em seguida**" (pode ser por e-mail, por exemplo). E esteja disponível para conversar com as pessoas presentes nos intervalos.

Em resumo, algumas "dicas":

- **Leve backups** em computador ou em pen drive.
- Lembre-se da Lei de Murphy: *"se algo pode dar errado… dará."*
- **Não fale baixo demais:** sempre que possível, use o microfone.
- **Evite falar apressadamente**: use um ritmo normal — enunciando bem as palavras.
- **Use pausas e evite o mesmo tom** o tempo todo.
- Use humor, sim — mas sem exageros.
- **Não use de sarcasmo:** não critique concorrentes, não faça comentários políticos ou que possam ofender alguém.
- **Não aceite provocações:** não compre brigas ou discussões com participantes; se contestado, coloque seus argumentos e siga em frente.
- **Sobretudo, não entre em pânico.** Mantenha a calma: esqueceu algo? Acontece a todos. Mude de slide. Vá em frente.
- Seja natural e sincero; seja você mesmo e…
- Não se esqueça dos agradecimentos.
- E, se possível e em especial, dos aplausos.

17
APRESENTAÇÕES PÚBLICAS
& TELECONFERÊNCIAS
("WEBCAST")

APRESENTAÇÕES PÚBLICAS

As "Apresentações Públicas Corporativas" — periódicas ou não — são aquelas realizadas no âmbito de um *cronograma prévio* e específico determinado pelas companhias abertas, exclusivamente com o objetivo de divulgar e esclarecer o mercado acerca de suas informações periódicas, fora do contexto de uma Oferta Pública. Observações importantes e úteis:

Todas as reuniões devem contar com a presença de um representante da área de RI da companhia, que será o responsável pela apresentação e pelas informações nela prestadas, desde que emitidas em nome da companhia.

As apresentações sempre se revestirão do caráter de "abertas ao público em geral", e se restringirão à divulgação, explicação ou abordagem de fatos previamente comunicados aos órgãos reguladores e autorreguladores.

As apresentações devem ter **início com uma sessão expositiva**, cujas informações devem ser apresentadas em "slides", e **terminar com uma sessão de perguntas e respostas**.

Com relação à sessão de perguntas e respostas, devido ao caráter público das reuniões, **nenhuma pergunta** relacionada, direta ou indiretamente, ao(s) tema(s) previamente comunicado(s) aos órgãos reguladores e autorreguladores **poderá ser filtrada**, ou seja, todas devem ser respondidas.

No caso de transmissão via webcast, a companhia deve divulgar, amplamente, o e-mail e a linha telefônica para os participantes poderem fazer suas perguntas.

Caso não haja tempo suficiente para responder a todas as perguntas recebidas durante as reuniões, a companhia deve alocá-las com as demais perguntas e respostas no seu site.

A companhia disponibilizará, **concomitantemente, a apresentação dos "slides"** utilizados em seu inteiro teor **no seu site**.

E, também os enviará, para os órgãos reguladores e autorreguladores, através do **sistema IPE** (Informações Periódicas e Eventuais).

E, posteriormente, deve alocar o áudio e/ou a transcrição do evento em seu site.

Caso a empresa realize outra apresentação pública com o mesmo conteúdo, não haverá necessidade de disponibilizar todo o evento no site. Entretanto, deve disponibilizar o áudio da sessão de perguntas e/ou sua respectiva transcrição.

Caso ocorra, no decorrer de uma reunião, a divulgação de informação relevante, não pública, que possa modificar as expectativas em relação à companhia, e especialmente influir na cotação de seus valores mobiliários, o representante da área de Relação com Investidores deverá providenciar **de imediato** a divulgação da informação aos órgãos reguladores e autorreguladores **através de Fato Relevante** e disponibilizá-la no site da companhia.

TELECONFERÊNCIAS ("WEBCASTS")

A teleconferência, ou webcast, é um meio de comunicação eficiente que as empresas têm utilizado para fornecer acesso e interatividade de maneira ampla e irrestrita, entre os administradores e os públicos estratégicos (acionistas, analistas, investidores, mídia, dentre outros), que devem receber informações e esclarecimentos de uma empresa, privilegiando a tempestividade, a equidade e a transparência. Observações importantes e úteis:

Toda teleconferência deve ser pública, **anunciada com antecedência e de maneira ampla**, permitindo o acesso e a interatividade de todos os públicos estratégicos da companhia.

RI envia aos analistas, através de seu mailing list (CRM de RI) o convite para a teleconferência (de resultados ou não), mencionando a data e horário da divulgação, **com antecedência mínima de quinze dias**.

A companhia deve **divulgar amplamente uma linha telefônica** e/ou e-mail (webcast — internet).

Para que seja produtiva a todos os interessados, a teleconferência sobre a divulgação de resultados deve ser realizada, idealmente, **em até três dias úteis** após a disponibilização das demonstrações contábeis aos órgãos reguladores.

A teleconferência é composta **por duas partes — a apresentação inicial e a sessão de perguntas e respostas ("Q&A")**.

A divulgação de um Fato Relevante deve sempre preceder a teleconferência. A teleconferência deve ser realizada, no menor prazo possível, após a divulgação de fato que tenha impacto material, visando disseminar as informações de forma plena, uniforme e simultânea.

Público-alvo: analistas do *Sell Side e do Buy Side,* acionistas e analistas prospectivos.

Mas os públicos via internet **são irrestritos** e podem incluir além dos acima, **jornalistas**, investidores individuais, mídia financeira, operadores, corretores e estudantes interessados na empresa no momento.

O público via web ouve a teleconferência, assiste os slides e pode fazer as suas perguntas ao telefone ou por e-mail. Quanto à mídia, o ideal é também solicitar as suas perguntas (jornalistas) *somente por e-mail*.

RI deve alertar os executivos que participam da teleconferência para que **não forneçam** informação relevante **não pública**.

Sessão de perguntas e respostas: preferencialmente, **o management deverá responder às perguntas**. Essa é **uma oportunidade importante de contato com o management** — ainda que não presencial — para os analistas e investidores.

O RI deve disponibilizar o acesso gravado da teleconferência no site de RI, bem como transcrições da teleconferência, *caso solicitado*.

Estatísticas de empresas de consultoria indicam que apenas 20% das pessoas que assistem à apresentação, o fazem durante ela. Preferem as gravações.

A teleconferência deve ser previamente divulgada no Calendário de Eventos de RI (disponível no site da CVM, das Bolsas e da companhia) e no convite enviado eletronicamente.

No caso da divulgação dos **Resultados Trimestrais**, o convite deve mencionar a existência e o período de duração de um eventual **Quiet Period** praticado pela empresa.

O convite deve ser disponibilizado também no site de RI através de **ícone exclusivo**.

Neste caso de **Resultados Trimestrais**, o acesso poderá ser mais extenso e deve-se solicitar uma quantidade permitida de acessos maior à empresa contratada para o serviço (ou seja: planejar adequadamente).

18

O RI, VIAGENS & ROADSHOWS

ROADSHOWS

Roadshows são oportunidades para a atração de investidores de longo prazo e para a criação e reforço da confiança interpessoal. Roadshows podem ser missionários (Non Deal Roadshows ou **NDRs**) ou com objetivo de venda, e são ferramentas muito importantes para o ***disclosure*** (divulgação) da companhia. Idealmente, são oportunidades de se conhecer e de se atrair novos investidoras independentemente do apoio de Bancos de Investimento via Targeting, como já descrito.

O **Sell Side dos Bancos de Investimento** é excelente parceiro na organização de Roadshows missionários. Deixe a organização da maior parte do Roadshow com a equipe do Banco. São "experts" no assunto. Mas, a Área de RI também pode marcar suas próprias reuniões ou usando as áreas de "***Corporate Access***" de consultorias especializadas.

Os Roadshows são, sem dúvida, uma oportunidade muito apreciada pelos investidores de poder se encontrar *face a face* com a alta administração, fazer-lhes perguntas; mensurar a acuidade e confiança nas suas respostas e de avaliar a "*qualidade do management*". Assim, geram um reforço importante na imagem e na mensagem institucional da companhia.

Uma apresentação específica para o Roadshow deve ser cuidadosamente preparada antes da viagem; bem como seu "**Q&A" respectivo**; ensaios ou "*Dry runs*", como são conhecidos, são igualmente importantes; principalmente se a equipe que vai viajar não tem muita experiência.

Idealmente, a equipe do Roadshow deve se reunir antes da viagem, e treinar **a sua estratégia, o seu**

Q&A, definir previamente os porta-vozes nas reuniões e até mesmo o seu comportamento durante elas; após a apresentação, os participantes — em geral, analistas ou investidores atuais e potenciais — têm a oportunidade de fazer **perguntas específicas**. E o "management", por sua vez, tem a oportunidade de responder pessoalmente e de transmitir de maneira convincente os fatos e os números importantes, *sob a ótica da empresa.*

Os CEOs das principais empresas brasileiras passam a maior parte do seu tempo *dedicado a RI* conhecendo investidores. Pesquisas indicam que os CEOs nos Estados Unidos dedicam cerca de vinte dias por ano às atividades de RI. Os CFOs das principais empresas latino-americanas dedicam mais do seu tempo com investidores do que seus colegas de outras regiões.

Para as empresas norte-americanas, os meses mais populares para realizar Roadshows são fevereiro, março, maio, junho, setembro, novembro e dezembro. Mais empresas da Europa continental e do Reino Unido viajam setembro do que em qualquer outro mês. Junho é o grande mês para os emissores norte-americanos. Segundo pesquisas, cerca de 75% dos RI's norte-americanos embarcam em algum Roadshow neste mês; sendo que 50% das suas reuniões são realizadas com a presença dos IRO's apenas. As empresas europeias e norte-americanas de grande porte têm uma cobertura média bastante ampla, com cerca de vinte analistas do Sell Side.

ROADSHOWS COM OFERTAS DE TÍTULOS E IPO'S

Na prática, um **Roadshow de venda consiste em uma série de apresentações a potenciais investidores**, normalmente acompanhadas por slides que abordam tópicos sobre a empresa emissora e sobre a operação em andamento. Eles são utilizados para ofertas de diversos tipos de valores mobiliários, incluindo títulos de dívida ou de capital — ações ou recibos de ações, como *American Depositary Receipts*, e títulos conversíveis. Um Roadshow de venda permite que tanto os potenciais investidores como a empresa emissora e os Bancos Coordenadores obtenham informações valiosas em relação à oferta de valores mobiliários.

O **Roadshow é especialmente importante para emissoras estreantes** no mercado externo de títulos ou que não o acessem com frequência. Do ponto de vista dos investidores, o Roadshow oferece a possibilidade de eles se familiarizarem e obterem informações adicionais acerca da empresa e suas operações, seus negócios presentes e futuros. Além de uma oportunidade mais pessoal de avaliação da emissora e sua administração, dos títulos objeto da oferta e da destinação dos recursos da oferta.

Nas reuniões do Roadshow, os potenciais investidores têm a oportunidade de fazer perguntas à emissora e aos Coordenadores. A emissora e os Coordenadores, por outro lado, procuram aferir o *nível de interesse dos investidores* nos títulos e indicações de sua avaliação dos negócios e da administração da companhia. Essas avaliações iniciais são complementadas pelo procedimento de "**Bookbuilding**".

Eventualmente, esses contatos iniciais podem levar a alterações nas condições e precificação da oferta. A preparação do **Prospecto** ou *Offering Memorandum* é a etapa mais trabalhosa de qualquer oferta. *Mas, o Roadshow também exige um planejamento minucioso e intenso.*

Durante o Roadshow, **que normalmente pode durar até duas semanas**, são realizadas diversas apresentações e reuniões (presenciais ou via videoconferência) com investidores potenciais *em diversos países e cidades*. Em uma oferta que busque atingir investidores nos Estados Unidos, na Europa e na Ásia, por exemplo, não é raro se formar *mais de uma equipe* de Roadshow para permitir a cobertura de todo o território pretendido, embora isso não seja a solução ideal.

OS CUIDADOS COM A APRESENTAÇÃO DO ROADSHOW DO IPO (OU DE VENDA)

O "rascunho" da apresentação do Roadshow é preparado pelos Coordenadores líderes da operação, idealmente junto com a Área de RI (se já existente) com base nas informações contidas no *Offering Memorandum Preliminar* (denominado de "*Red Herring*") e, em entrevistas com a administração sobre as suas estratégias, operações e perspectivas, dentre outros fatores.

Após a revisão final do "*draft*" da apresentação, os Coordenadores submetem os participantes do Roadshow a treinamentos e simulações das reuniões futuras. Os Coordenadores procuram **prepará-los para os questionamentos** que poderão ser feitos pelos investidores ("Q&A"). Por exemplo: se o Prospecto indica a existência de contingências tributárias relevantes, a empresa deverá estar preparada para explicar a origem dessas contingências; seu impacto nos negócios, no desempenho da companhia, nos títulos que estão sendo ofertados e como a empresa pretende solucioná-las, futuramente.

Isso vale para outros itens relevantes do offering memorandum, como estratégia e fatores de risco. A apresentação "final" do Roadshow é então **enviada aos advogados da operação para revisão**. Os advogados não participam do Roadshow, mas a sua revisão da apresentação a ser mostrada é um dos itens obrigatórios no preparo dele, *em função das responsabilidades legais envolvidas*.

Importante: serão excluídas da apresentação quaisquer informações que não se baseiem no "Red Herring" (Prospecto Preliminar); que não sejam de conhecimento público, que não tenham "backup" ou, no caso de informações financeiras, não tenham obtido a carta de conforto dos auditores.

Como se trata de uma apresentação de *"marketing financeiro"*, os advogados também avaliam e **excluem trechos** que eventualmente *possam ser entendidos como **projeções de resultados futuros***, da Emissora *ou do desempenho dos títulos*. Adicionalmente, os advogados analisam se os avisos (disclaimers) inseridos na apresentação estão de acordo com a legislação e com os padrões de mercado usuais.

O "PILOT FISHING"

O "**Pilot Fishing**" é um Roadshow preliminar (*pre-deal roadshow*), especialmente útil para empresas que sejam estreantes nos mercados de dívida ou de ações ou em situações de maior volatilidade do mercado. Assim como no Roadshow final, no *"pilot fishing"* os Coordenadores e a área de RI da companhia preparam uma apresentação aos investidores baseada nas demonstrações financeiras e informações públicas da empresa e de seu desempenho nos mercados nos quais ela atua. Se nesse Roadshow preliminar ficar confirmado que há interesse por uma parcela significativa dos investidores visitados, a empresa e os Coordenadores darão início de fato ao preparo do Roadshow da oferta. Caso contrário, a operação poderá ser postergada ou até mesmo cancelada.

NA ESTRADA

O Roadshow se inicia após o envio do *Red Herring* pelos Coordenadores aos potenciais investidores. Os Coordenadores preparam uma agenda detalhada de viagens, reuniões e apresentações a ser cumprida durante o Roadshow. Essa agenda é normalmente definida pelos Coordenadores, com base no seu relacionamento com possíveis investidores, nas atividades das equipes de "research" do Sell Side dos Bancos Coordenadores e no acompanhamento do setor da emissora por seus analistas.

Uma pesquisa prévia de Targeting é de grande ajuda. Tradicionalmente, as apresentações de Roadshow são feitas pelo CEO ou pelo Diretor de Relações com investidores e outros membros da alta administração da emissora. Com o acompanhamento dos Bancos Coordenadores, em reuniões com um ou mais potenciais investidores. Dentre as informações que os Coordenadores procuram obter dos potenciais investidores durante o Roadshow incluem:

- *Avaliação dos potenciais investidores acerca dos produtos ou serviços da Emissora.*
- *Sua performance, administração e perspectivas de crescimento.*
- *Avaliação dos potenciais investidores acerca dos títulos objeto da oferta, incluindo sua precificação.*
- *Ordem de compra final que cada potencial investidor pretende apresentar.*
- *Histórico de compras do potencial investidor no tipo de título ofertado (dívida x capital) e no setor de atuação da Emissora.*
- *A intenção de cada potencial investidor em manter os títulos por curto ou longo prazo.*

Com base nessas informações, mais as condições da economia e do mercado local e mundial, a Emissora e os Coordenadores **decidirão o tamanho e a precificação da emissão** e os Coordenadores **alocarão os títulos dentre os investidores**. Se perto da precificação, os Coordenadores e a Emissora determinarem que não será possível atingir o tamanho desejado para a oferta, *eles poderão reduzir o seu tamanho* ou *alterar a precificação* dos títulos de modo a atrair investidores adicionais ou buscar *aumentar o tamanho das ordens recebidas — ou postergar, e até mesmo cancelar, a oferta.*

O ROADSHOW SE ENCERRA NO "BOOKBUILDING"

O **Bookbuilding** é o processo no qual os Coordenadores obtêm e avaliam a demanda de potenciais investidores por uma oferta de valores mobiliários e buscam informações para formular sua recomendação à Emissora acerca do tamanho e precificação da oferta. Pode ser combinado com o Roadshow, mas ele só é concluído após a finalização das apresentações aos investidores no mesmo.

De acordo com a legislação federal norte-americana, em ofertas registradas, a preparação para o Bookbuilding pode ser iniciada com uma comunicação inicial dos Coordenadores aos "Qualified Institucional Buyers" ou "QIBs" (Investidores Qualificados ou Profissionais) e outros investidores institucionais, e tão logo a Emissora tenha protocolado a minuta inicial do formulário de registro da oferta na SEC. Em operações não registradas, essa comunicação costuma ser iniciada assim que o Red Herring tenha sido enviado aos potenciais investidores.

Na emissão de Debêntures no Brasil geralmente se segue o "Bookbuilding holandês", no qual o Emissor é obrigado a escolher as menores taxas oferecidas no book. No exterior, não há esse costume.

EM VIAGENS A TRABALHO, PARTICIPAÇÃO EM CONFERÊNCIAS ETC.

O RI é, por essência, uma espécie de "globe-trotter" das finanças, principalmente se a empresa na qual trabalha está listada no exterior, pretende estar ou já possui investidores fora do Brasil. Assim, viajar pelo país ou para fora dele, é uma constante na vida do RI que deve considerar os deslocamentos com a mesma preocupação e cuidado que dedica às demais demandas do seu cargo. E as viagens não devem ser encaradas como um fardo ou uma obrigação desagradável, ao contrário...

É importante que o RI busque na sua empresa o apoio adequado para bem desempenhar seu papel. E que a sua Diretoria lhe assegure boas condições de trabalho. Parece óbvio, mas o RI precisa saber se impor e conquistar esse espaço na companhia e convencer os seus pares de que não está pedindo luxos supérfluos. Timidez e receio de marcar sua posição podem causar muitos danos à carreira de um executivo da área.

Entre outras, as viagens aéreas *de mais de cinco ou seis horas de voo* devem ser feitas, preferencialmente, na classe executiva ou similar. Isso não é privilégio ou gasto excessivo, como muitos acreditam. É uma condição básica para que o profissional consiga fazer o seu trabalho bem-feito no destino, com o raciocínio em ordem. Afinal, o cansaço inerente à viagem em si *mais o fuso horário* podem facilmente prejudicar seu bom desempenho. E uma vez após a sua chegada, o RI terá pela frente uma *maratona de atividades* entre reuniões, contatos e apresentações.

O RI deve, ele mesmo, se envolver pessoalmente na organização completa da viagem, mesmo que isso lhe tome algum tempo. A experiência prática recomenda não se deixar conduzir totalmente por terceiros. O RI deve conhecer previamente e detalhadamente, ele próprio, tudo sobre a sua agenda, seu itinerário, as alternativas de voos e conexões, os hotéis onde se hospedará e assim montar seu plano de acordo com suas necessidades logísticas.

Quando isso é transferido a terceiros, pode se tornar um risco, porque as pessoas de apoio envolvidas normalmente não têm a experiência efetiva de quem viaja e, em especial, de *quem viaja a trabalho como um RI*. São viagens de poucos dias, intensas em termos de trabalho, muitas vezes longas em número de horas de voo e complexas, tendo em vista os variados destinos, as agendas apertadas, o número extenso de reuniões e os vários compromissos previamente assumidos.

As agências de viagens em geral não detêm experiência dos detalhes práticos de uma *viagem a trabalho*. Entre outros, a avaliação correta dos intervalos entre conexões de voos, por exemplo. Um intervalo muito curto, dependendo do aeroporto, pode deflagrar uma correria, uma verdadeira gincana nos terminais imensos e mesmo tornar o próximo voo uma missão impossível.

As equipes de apoio podem não ter a perspectiva do que ocorre cada vez mais frequentemente: atrasos no voo inicial e a consequente perda de conexões. Também não costumam ter a noção exata das distâncias dos diferentes aeroportos aos centros das cidades ou dos engarrafamentos de trânsito locais, dependendo dos horários de chegada ou partida.

Por que todos esses cuidados? É simples: uma única reunião ou apresentação atrasada provoca um efeito desastroso e *em cascata em* toda a agenda.

Sem falar na perda de um compromisso importante, o que traz impactos muito negativos para o profissional e para a imagem da empresa.

A prevenção é a solução para evitar problemas e constrangimentos. Por isso, a viagem não deve ser marcada com um prazo muito curto entre a chegada ao destino e o primeiro compromisso planejado. **No exterior, a regra básica ideal é simples: chegue um dia antes.** Até para vencer o cansaço e se habituar melhor às diferenças de horário. O evento é uma conferência em um determinado hotel? O melhor seria o RI **ficar naquele mesmo hotel**. Isso poupa tempo e facilita a logística de locomoção entre as reuniões e encontros.

Uma vez no destino, o RI deve fazer uma visita prévia ao local das reuniões ou da apresentação. Testar os equipamentos e a própria apresentação antes do evento é muito importante. Além disso, algum descanso ou uma caminhada, por exemplo, são muito recomendáveis para baixar o estresse, repor as energias e garantir uma mente precisa e clara ao começar as atividades agendadas.

Acho importante desmistificar o conceito negativo e pouco inteligente de que o RI vai "*apenas repetir as mesmas informações sucessivamente*". *Essa percepção é preconceituosa e absolutamente incorreta.* Na realidade, a agenda do RI se compõe quase sempre de dezenas de encontros com analistas ou investidores, que têm, individualmente, demandas específicas, muitas vezes complexas.

Com frequência, tais demandas se dão em um nível de exigências e de detalhamento bastante amplo. E não somente sobre a empresa em si, mas sobre o seu setor, sobre a economia do país onde a empresa mantém a maior parte de suas atividades, entre outros. Cada reunião é como "uma nova prova oral, na qual o ponto é livre". E isso é sempre um desafio desgastante. Bem mais do que se imagina.

Em viagens, as pessoas saem de sua rotina e tendem a experimentar novidades. Entretanto, o RI deve ter em mente alguns mandamentos importantes: não se exceder na alimentação, especialmente com pratos típicos e exóticos ou no álcool. Deve lembrar de que não está de férias e sim representando a sua empresa. O que, efetivamente, não está saindo barato. Se sobrar algum tempo livre, conhecer a cultura local, museus e atrações históricas agregam conhecimento e cultura, dois componentes valiosos para o sucesso de um "RI estratégico".

Com relação à bagagem, a mala de roupas ideal é sempre *a menor possível*, levando em conta o clima, a estação e a temperatura nos locais visitados, além dos códigos de vestuário relativos aos eventos da agenda. Se for possível não despachar a mala, muito melhor. A bagagem não pode excluir o material de consulta, backups importantes, pen drives, notebook etc., para evitar consultas frequentes à base. O celular habilitado para o destino é indispensável, também.

Obviamente, antes da viagem, verificar em tempo o passaporte, vistos, vacinas (se exigidas); rechecar as passagens e vouchers das reservas. Tudo isso evita transtornos e imprevistos que podem atrapalhar — e muito — os bons resultados de uma viagem importante e o trabalho a ser realizado.

ROADSHOWS: PRINCIPAIS CENTROS FINANCEIROS PARA RI

PRINCIPAIS CENTROS FINANCEIROS DE *EQUITY* NOS EUA:

1	Nova York
2	Boston
3	Los Angeles
4	São Francisco
5	Miami

PRINCIPAIS CENTROS FINANCEIROS DE *EQUITY* NA EUROPA:

1	Londres — Inglaterra
2	Edimburgo — Escócia
3	Zurique — Suíça
4	Frankfurt — Alemanha

OUTROS CENTROS FINANCEIROS DE *EQUITY* NA EUROPA:

1	Genebra — Suíça
2	Amsterdã — Holanda
3	Milão — Itália
4	Copenhague — Dinamarca
5	Paris — França
6	Dublin — Irlanda
7	Luxemburgo
8	Munique — Alemanha

19

LISTAGENS NO EXTERIOR

Ações de uma companhia estrangeira podem ser emitidas ou negociadas nos Estados Unidos de diferentes formas:

- **Listagem Direta** e admissão à negociação na bolsa americana de ações emitidas no país de origem da empresa.
- **Colocação privada** de ações para investidores institucionais nos Estados Unidos com base na Regra **144A** do "Securities Act".
- Via *American Depositary Receipts* (ADR's) — que é a forma mais utilizada.

ALGUNS NÚMEROS

Em 2018, aproximadamente **156 bilhões de ADR's foram negociados nos Estados Unidos**, montante estimado em mais de **US$4 trilhões**. No mesmo ano, cerca de **3 mil programas de ADR's foram criados** e um total de aproximadamente **US$15 bilhões foram levantados em cerca de 50 novas ofertas de ADR's**. O mercado de ADR contava até há pouco com 94 companhias brasileiras, das quais 30 com seus ADR's listados na NYSE.

ADR'S & ADS'S

Os **ADR's** foram criados e introduzidos no mercado de capitais norte-americano em 1927 por um banco precursor do Morgan Guaranty Trust Company of New York. Os ADR's se tornaram, ao longo do tempo, uma oportunidade para os norte-americanos investirem em títulos ou ações estrangeiras sem incorrer em altos custos transacionais e na conversão de dividendos. O primeiro ADR, de 1927, foi da companhia inglesa Selfridge Stores. E o primeiro ADR a ser negociado em uma bolsa americana (AMEX) foi da British American Tobacco, em 1928.

Um ADR é um **certificado de negociação** associado a American Depositary Shares ou ADS's. As ADS, por sua vez, representam ações subjacentes de uma companhia estrangeira. O ADR e as ADS's correspondentes são normalmente emitidos por um banco comercial que atua como um depositário nos Estados Unidos e que é o detentor das ações emitidas pela companhia estrangeira no país de origem. As ações que lastreiam uma ADS, permanecem com uma unidade de um banco estrangeiro que atua como custodiante.

Cada ADS pode representar um número ou uma fração de ações subjacentes, e a razão entre o número de ADS's e o número de ações subjacentes pode variar para tornar o *ADR mais atraente na bolsa norte-americana*. Essa razão pode ser alterada pelo emissor, ao longo do tempo. Isto é, *se o equivalente em dólar das ações subjacentes ficar muito baixo ou muito alto para os padrões norte-americanos*, a razão entre os ADR's e suas as ações originais poderão ser ajustadas para um preço mais adequado.

ADR'S PATROCINADOS E NÃO PATROCINADOS

Os **ADR's patrocinados** são emitidos quando uma empresa não americana deseja, ela mesma, lançar um programa de ADR's nos Estados Unidos. E assim, ela mesma "patrocina" a sua emissão em algum dos níveis descritos a seguir, incorrendo em custos.

Os **ADR's não patrocinados** *são emitidos por um banco depositário nos Estados Unidos* ao perceber uma demanda naquele mercado pelos títulos ou ações de uma determinada empresa estrangeira. Um ADR não patrocinado *não tem o envolvimento*, participação ou *consentimento* da empresa estrangeira, por trás dele. ADR's não patrocinados geralmente são negociados no mercado de balcão (OTC) e não nas bolsas de valores.

Esses recibos obedecem a regras muito simples, têm custos baixos e são descritos segundo o Form F-6, da SEC. O F-6 requer informação somente sobre os termos do ADR e um mínimo de fatos sobre a empresa e sobre as ações em depósito com o banco custodiante no país de origem. Basicamente, basta somente a distribuição nos Estados Unidos do mesmo material divulgado no país de origem e a simples colocação do endereço da companhia no cadastro da SEC.

MODELOS DE LISTAGEM

Os três modelos principais para as companhias brasileiras que desejam listar as suas ações nos Estados Unidos são os seguintes:

- Listagem inicial no Brasil seguida de listagem nos Estados Unidos de ações já negociadas na B3 ou como parte de uma Oferta Subsequente ("follow-on offering").
- Listagem simultânea nas duas bolsas de valores como parte do IPO.
- Listagem apenas na bolsa de valores estrangeira.

Há duas estruturas de listagem no exterior sem haver listagem no Brasil:

- Listagem da atual controladora brasileira; ou
- Nova constituição da controladora fora do Brasil e a listagem desta companhia estrangeira.

A listagem da empresa atual nos Estados Unidos, *em princípio não vale a pena* porque, pela nossa legislação, qualquer listagem em bolsa de valores, inclusive estrangeira, exige que o emissor *se torne antes uma Companhia Aberta*. E isto exige a análise da CVM. Ou seja, a companhia teria que obedecer a todas as etapas exigidas de uma listagem brasileira. Ou seja, a listagem completa no Brasil exigiria somente um pouco mais de trabalho.

A segunda estrutura, *uma nova constituição da controladora no exterior*, só é aplicável a companhias que já sabem, de antemão, *que não efetuarão listagem futura no Brasil*. Para evitar que alguma empresa fuja às nossas regras de governança corporativa, a B3 não aceita listagens secundárias de "companhias estrangeiras", mas com seus principais ativos no Brasil.

LISTAGEM SEGUNDO A REGRA ("RULE") 144A E "ADR'S RESTRITOS"

Nos Estados Unidos, **todas as ofertas e vendas de valores mobiliários exigem registro na SEC**. Exceto, em caso de uma *isenção específica para o registro*. Uma oferta segundo **a Regra 144A** é uma colocação privada apenas, e *realizada com uma isenção específica do registro daquela oferta na*

SEC. Entretanto, essa colocação privada só poderá ter suas ações vendidas a **Qualified Institutional Buyers** (QIB's). E esta modalidade tem sido bastante utilizada por empresas brasileiras nas suas listagens na América do Norte.

Entretanto, ainda há uma limitação a mais para esses QIB's. As ofertas brasileiras só podem ser feitas a investidores internacionais que atendam à **Resolução nº 4373** do Banco Central do Brasil e que lhes dá a autorização para realizar investimentos em ações negociadas na B3.

Por esse motivo, o número de investidores norte-americanos que podem investir em ofertas 144A é reduzido. A maneira de superar essa dificuldade é a inclusão de um programa de ADR's na oferta — segundo a Regra 144A. O que é denominado de "**Programa de ADR restrito**" — porque suas ações subjacentes não são registradas na SEC.

O programa de ADR *é um mecanismo de sobreposição a uma ação brasileira*. E isso possibilita mesmo a *QIBs que não atendam à Resolução nº 4373* investir no ADR da emissora brasileira. Lembrando que esses ADR's Restritos não poderão ser ofertados a pessoas físicas nos Estados Unidos nem listados em bolsas de valores americanas, novamente porque suas ações subjacentes não foram registradas na SEC.

Para ser considerado um "QIB", a empresa precisa demonstrar que administra US$100 milhões ou mais em Valores Mobiliários. No caso de uma corretora registrada, esta precisa comprovar investimentos de, pelo menos, US$10 milhões em Valores Mobiliários.

A emissão 144A exige que o emissor contrate um ou mais bancos como underwriters. As ações *são então "vendidas" a esses underwriters por meio de uma colocação privada*. E, estas serão "revendidas" pelos underwriters aos QIBs. E, como mencionado, o Offering Memorandum segundo a Rule 144A não é enviado à SEC para análise. A SEC não se envolve neste processo nem é consultada sobre ofertas segundo a Rule 144A.

REGULATION "S"

Uma oferta segundo a Rule 144A normalmente é associada a uma oferta segundo a "**Regulation S**", com a utilização dos mesmos documentos. A **Regulation S define os limites territoriais** das regras de Valores Mobiliários dos Estados Unidos. Ela também estabelece que *qualquer venda realizada fora dos Estados Unidos não está sujeita à exigência de registro na SEC* (mas, para isso, é preciso que não haja "interesse elevado" ou esforços de venda no país).

Assim, ofertas de ações a investidores institucionais na Europa, por exemplo, podem ser consideradas de forma separada das ofertas segundo a Rule 144A. Em geral, ofertas realizadas segundo a Rule 144A e Regulation S são realizadas por meio do mesmo Offering Memorandum. Mas as vendas realizadas nos Estados Unidos só podem ser realizadas a QIBs, e as vendas fora do país são realizadas de acordo com a "Regulation S". Após um período de seis ou doze meses, a restrição de venda somente a QIBs desaparece. E as ações podem ser reofertadas a qualquer comprador, mas *negociadas apenas em mercados de balcão*.

PROGRAMAS DE ADR'S — "NÍVEIS I, II E III"

Existem três "Níveis" de Programas de ADR's, na prática (não são designações oficiais ou legais). São eles:

> **Programa Nível I:** para ações que não tenham sido registradas para distribuição pública na SEC. Como ocorre quando as ações são ofertadas a investidores institucionais ou QIBs nos Estados Unidos, por uma oferta privada e segundo a Regra 144A.

> **Programa Nível II:** quando a empresa emissora registra na SEC uma classe de ações vinculadas aos seus ADR's, seguindo as normas do *Securities Exchange Act de 1934*, e tornando assim essas ações passíveis de negociação pública.

> **Programa Nível III:** é igual ao Programa de Nível II, mas é estabelecido por uma distribuição pública registrada na SEC nos termos do *Securities Act de 1933*, **podendo corresponder a novas ações (oferta primária da emissora)** ou de ações já existentes (Oferta Secundária pelo acionista vendedor).

Se a listagem em bolsa de valores for parte de um IPO ou Oferta Subsequente ("follow-on"), as ações são registradas na SEC segundo a *U.S. Securities Act de 1933*, que é aplicada a Ofertas Públicas nos Estados Unidos. Nesse caso, o documento de registro inicial na SEC é o **Form F-1**.

Se o emissor estiver apenas listando ações *que já são negociadas na B3, sem realizar uma nova distribuição pública de ações nos Estados Unidos*, então as ações são registradas na SEC segundo a *U.S. Securities Exchange Act de 1934*, que é aplicada a registros **sem oferta concomitante**. Nesse caso, o documento de registro na SEC é conhecido como **Form 20-F**.

Os conteúdos do Form F-1 e do Form 20-F são similares. E o **20-F** também é o formulário que deve ser utilizado pelos emissores brasileiros para *arquivar seu relatório anual* na SEC *todos os anos, após o registro*.

LISTAGEM NA NYSE

Para obter a listagem na **NYSE**, a companhia não norte-americana deve **atender a diversas exigências** de distribuição, tamanho e preço. Deve ter, pelo menos, 5 mil acionistas e 2,5 milhões de ações negociadas publicamente no mundo todo. O Valor de Mercado das ações negociadas em Bolsa da companhia (excluindo as ações de conselheiros, diretores ou membros diretos de suas famílias e outras participações concentradas de 10% ou mais) deve totalizar no mínimo US$100 milhões. O lucro antes dos impostos e *corrigido para refletir determinados fatores prescritos pela NYSE* deve totalizar no mínimo US$100 milhões nos últimos três exercícios sociais, com pelo menos US$25 milhões em cada um dos dois exercícios sociais mais recentes.

Assim que receber e aprovar toda a documentação necessária, a NYSE expedirá ao emissor uma carta de autorização (*Authorization Letter*). Isso significa que o emissor passa a ter *autorização para listagem na NYSE*. O emissor deverá também selecionar um Formador de Mercado (Market Maker) para as suas ações, reservar um "Ticker Symbol" e solicitar um código CUSIP (um código alfanumérico de nove dígitos que identifica um título norte-americano e visa facilitar sua negociação e compensação).

As ações passarão a ser negociados na NYSE na manhã seguinte à precificação da oferta. O emissor deverá arquivar na NYSE o documento final de registro da SEC, juntamente com a solicitação final de listagem na NYSE (*Final NYSE Listing Application*) em um prazo de trinta dias da listagem. A NYSE tem taxas inicial e anual de listagem, que dependem do número de ações listadas.

EMPRESAS BRASILEIRAS LISTADAS NA NYSE — JULHO/2021

1	AMBEV S.A.	ABEV
2	Azul S.A.	AZUL
3	Banco Bradesco S.A.	BBD
4	Banco Santander (Brasil) S.A.	BSBR
5	BrasilAgro	LND
6	Braskem S.A.	BAK
7	BRF S.A.	BRFS
8	Centrais Elétricas Brasileiras S.A.	EBR
9	Companhia Paranaense de Energia — COPEL	ELP
10	Companhia Brasileira de Distribuição	CBD
11	Companhia Energética de Minas Gerais	CIG
12	Companhia Siderúrgica Nacional	SID
13	CPFL Energia S.A.	CPFE3.SA
14	Embraer S.A.	ERJ
15	Gafisa S.A.	GFA
16	Gerdau S.A.	GGB
17	Gol Linhas Aéreas Inteligentes S.A.	GOL
18	Itaú Unibanco Holding S.A.	ITUB
19	Linx	LINX
20	Natura &Co Holding S.A.	NTCO
21	Oi S.A.	OIBR.C
22	Petróleo Brasileiro S.A. — Petrobras	PBR
23	SABESP	SBS
24	Suzano S.A.	SUZ
25	Telefônica Brasil S.A.	VIV
26	TIM Participações	TSU
27	Ultrapar Participações S.A.	UGP
28	Vale S.A.	VALE

Elaboração do autor.

20

O RI E A MÍDIA

Há companhias que, culturalmente, têm receio da mídia e que traçam diretrizes para evitá-la. Entretanto, **a mídia é um importante aliado da empresa**, em especial de sua área de RI, e se constitui num componente muito importante na construção de uma **boa reputação corporativa**, de uma imagem positiva para a companhia e — consequentemente — para a *valorização de suas ações*.

No caso de RI, além da mídia impressa e a internet, existem ainda os canais de distribuição de notícias — os "wire services" — tais como Reuters, Bloomberg, Dow Jones, PR Newswire, Broadcast, entre outros. São meios especializados em "Business News" e essenciais para a divulgação dos resultados, e de informações relevantes ao mercado de maneira eficaz e homogênea. Nos Estados Unidos e no Reino Unido, por exemplo, a divulgação obrigatória de resultados e fatos relevantes para o grande público — e que se redistribui por canais complementares aos analistas, investidores, corretoras etc. em todo o mundo — se faz exatamente por esses serviços "via wires".

O RI, em seu amplo arco de relacionamentos, tem na mídia uma oportunidade importante de ajudar a companhia. A mídia tem efeito multiplicador da informação e forma opiniões.

Pode levar alguém, ou uma empresa, ao céu e ao inferno ou a ambos, em um curto espaço de tempo. Talvez seja por essa mesma razão que muitos diretores e executivos tenham receio da mídia e acabem fazendo com que — erradamente — a empresa "fuja" dos jornalistas.

Não se deve imaginar que haverá dano à companhia *apenas por se aproximar da mídia* e por *atendê-la de forma proativa*. Para obter mais efeitos positivos do que negativos é preciso estar preparado:

ter planejamento adequado e — de novo — treinamentos específicos (*"media training"*) para os porta-vozes definidos previamente e autorizados a falar em nome da companhia.

Isso evita que entrevistas prejudiciais e/ou informações erradas, incompletas ou ainda sob sigilo sobre a companhia sejam dadas por pessoas não autorizadas. Quando isso acontece — a divulgação de dados incorretos ou confidenciais —, a imagem da empresa e sua reputação corporativa são abaladas e, mais grave, às vezes isso pode adiar ou inviabilizar uma operação financeira e até mesmo provocar ações judiciais contra a empresa.

Ou seja, há um desafio e uma atividade a ser desenvolvida com planejamento, que é o de se **manter o relacionamento com a mídia sob controle**. Os objetivos, responsabilidades, etapas do processo, procedimentos, *o que é ou não permitido*, entre outros, podem fazer parte, eventualmente, de um *Manual Prático de Divulgação de Informações e de Comunicação* da companhia, organizado previamente — a partir de uma avaliação estratégica — e em conjunto pelas áreas de RI, Comunicação, Assessoria de Imprensa e Jurídica.

O RI deve ter uma postura proativa de aproximação, além de francamente positiva, na busca de um bom relacionamento profissional e interpessoal com os colegas de Comunicação Corporativa e da Assessoria de Imprensa. Com o seu apoio, o RI deve procurar contato com os meios de comunicação e desenvolver um relacionamento, especialmente com a mídia especializada, à semelhança do relacionamento que desenvolve com os analistas. Se os analistas passam a entender melhor a empresa e o porquê das práticas e estratégias que estão sendo adotadas, **por que não fazer o mesmo com os jornalistas**?

Reuniões **periódicas** com os jornalistas para a troca de ideias são *ferramentas construtivas* de um relacionamento que deve **primar pela transparência**. **O contato com a mídia é uma atividade estratégica** e a imprensa não deve ser vista como inimiga, *ainda que em alguns momentos isso possa parecer verdade*. Essa aproximação é uma maneira de facilitar, para os jornalistas, o entendimento prévio da dinâmica do negócio da empresa e como ela se porta dentro do contexto setorial, macroeconômico nacional e global — além do seu posicionamento em relação às teses de investimentos ESG.

A experiência também mostra que uma empresa aberta aos jornalistas tem melhor tratamento da mídia **em momentos de crise**. No mínimo, consegue uma chance de se fazer ouvir e dar sua versão de determinada situação difícil.

É mais fácil para uma empresa ou executivo que sempre facilitaram o trabalho do jornalista *ter a chance de contar a sua versão dos fatos*, o seu argumento em caso de alguma disputa de mercado ou jurídica, por exemplo, do que uma companhia tradicionalmente fechada à imprensa.

Há empresas nas quais a mídia é interlocutora apenas da Comunicação Corporativa e da Assessoria de Imprensa. Em outras, RI — sob a orientação *e em conjunto com essas* — é o grande interlocutor da **mídia financeira ou especializada**. Acredito ser essa a melhor estratégia, com *divisão de tarefas*.

É prudente também **o trabalho em conjunto, em se tratando de toda e qualquer mídia internacional**: grandes jornais e revistas do exterior, mesmo que não financeiros. Isso porque **o domínio do setor de RI sobre as diversas mensagens da empresa *em línguas estrangeiras* tende a ser mais testado e treinado**, por conta de sua participação frequente em eventos internacionais, e da área estar sempre exposta a questionamentos de analistas e investidores de outros países.

É também produtivo o envolvimento do RI nas entrevistas e **matérias de publicações setoriais e técnicas**. A união de esforços de um diretor-executivo comercial, industrial ou financeiro ao RI, nesses casos e, dependendo do assunto, assegura resultados muito melhores, entre eles **a preservação da unicidade da mensagem da empresa**, garantindo a convergência de argumentos, **dados e números nas matérias**, incluindo **informações já divulgadas previamente** e disponíveis em apresentações, site etc. Isso é mais importante ao se levar em conta que essas publicações são lidas — detalhadamente — por públicos especializados, criadores de opinião, analistas etc.

Em resumo: a conquista de espaços em jornais de importância, em matérias consistentes e bem-feitas por grandes profissionais da imprensa, tem um efeito marcante sobre a percepção do grande público em relação à companhia.

Isso inclui um maior reconhecimento da empresa, de sua marca, produtos ou serviços. Além disso, a presença na mídia melhora substancialmente a sua **reputação corporativa** e cria um espaço de diálogo entre a companhia e o grande público. Trata-se de um espaço muito valioso e que permite à companhia apresentar seus posicionamentos, pontos de vista, **medidas positivas e de grande impacto para a sociedade** (sociais e ambientais, por exemplo), respostas a eventuais críticas, superar eventuais crises e, consequentemente, impactar positivamente seu valor de mercado ao longo do tempo e reduzir seu custo de capital.

21
ENFRENTANDO CRISES

Como já mencionado diversas vezes, o papel central do RI é o de tentar, continuamente, fazer com que a empresa seja *avaliada de forma justa pelos agentes de mercado*; de construir permanentemente a sua credibilidade e de zelar pela **reputação** da companhia. Até aí, tudo bem, *se o trabalho caminha dentro de um ambiente de normalidade.* Mas, ainda que possamos usar nossa inteligência e experiência profissional para construir cenários possíveis e prováveis, os mercados, obviamente, não são completamente previsíveis. Longe disso. Portanto, **é importante saber agir em momentos indesejáveis**.

Situações durante e imediatamente após **graves crises** exigem medidas específicas, estratégicas e **enérgicas** por parte da administração da empresa. Isso deve ser um **trabalho conjunto** das áreas de Comunicação Corporativa, Assessoria de Imprensa e de Relações com Investidores com o objetivo imediato de "apagar os focos residuais de incêndio" e tomar controle da situação. Até aí, parece óbvio, mas não é.

O maior erro das empresas, nesses casos, é o de se deixar levar como folha ao vento, acreditando que *"nada adianta ou que não há nada a fazer"*. Ou ainda, que essa *crise é diferente* e que somos incapazes de evitar ou de reduzir seus efeitos e que tudo vai se resolver por si só, com o tempo. Isso não é verdade.

É preciso planejamento e preparo com antecedência, para lidar com as crises. E, se for bem-feito e bem executado, podemos sim, evitar dores de cabeça maiores. Os preparativos incluem **o desenvolvimento prévio da "Comissão de Crise"** (a "Torre de Controle de Crises" da empresa). Em seguida, é preciso selecionar alguém, um de seus integrantes, para assumir o comando — o **"gestor da comunicação de crise"**.

É muito aconselhável que se organize uma **"Torre de Controle"**, com um grupo de executivos experientes e de diferentes áreas (inclusive a Jurídica), que **formarão o núcleo de comunicação de crises**. Eles *selecionarão as informações a serem divulgadas, vão criticá-las e aperfeiçoá-las* e estabelecer seu *timing* e direcionamento (evento para analistas, *press/media conference*, **Fatos Relevantes**, anúncios em jornais, *wires* etc.). Esse comitê deverá agir como um "centro de gestão" da situação, assegurando também que as **informações sejam fornecidas e atualizadas** de forma organizada e consistente.

Um detalhe importante é assegurar que o **gestor da comunicação** trabalhe diretamente e em equipe com os colegas e diretores de *Relações Institucionais, de Comunicação Corporativa* e com a *Assessoria de Imprensa* da companhia (interna e externamente).

Em seguida, a empresa deveria selecionar um diretor-executivo — **de preferência o Presidente — para ser o "porta-voz da companhia" para todo o processo de comunicação da crise**. Isso se torna ainda mais importante *se o CEO tiver experiência e presença como Comunicador*. Mas **se não for o caso**, o ideal então é procurar alguém do primeiro escalão — CFO ou RI — por exemplo, para exercer esse papel.

Após o surgimento de uma situação de crise, um dos primeiros passos a serem dados é **controlar a situação internamente**. Uma crise como a que vem sacudindo o mundo desde o início da epidemia da Covid-19, por exemplo, tem grandes impactos no setor financeiro e suas repercussões com os mercados e investidores. Aqui, o **Diretor de RI** seria um indicado natural para assumir o papel de **gestor de comunicação**.

Algumas crises são sérias demais para que a empresa permaneça em silêncio. Indecisão traz mais dano do que nenhuma decisão. Quanto antes ela se pronunciar — especialmente se o CEO falar pela empresa —, melhor. Uma demora pode ser interpretada como insegurança, omissão ou medo da situação. Já uma resposta pronta pode reconquistar boa parte da credibilidade e da confiança abaladas.

É bom lembrar que **atuar como porta-voz diante da mídia é uma responsabilidade muito grande para ser deixada para pessoas *tímidas ou*** *inexperientes*. O porta-voz deve ser alguém à vontade e *que lide bem com a pressão e perguntas difíceis*. Ou seja, em um momento de crises agudas, algumas das características pessoais importantes que o RI deve ter ou desenvolver serão postas à prova.

Vamos pensar em um exemplo concreto e recente: em uma situação de prolongamento dos efeitos de uma crise grave como a da atual e trágica pandemia, torna-se necessário analisar em detalhes a continuidade da estratégia da companhia ou eventuais alterações, por exemplo, no "Capex" da empresa (capital para investimentos) em aquisições, expansões etc.

O mercado precisará conhecer eventuais impactos nas vendas, nas margens, no Ebitda etc. Os analistas vão questionar como está o crédito, o *funding*, a geração de caixa da empresa, entre outros pontos. Haverá questionamentos **incômodos** em relação a reduções da produção, das equipes de trabalho (grandes *demissões eventuais*), sobre a interrupção ou não de obras em andamento, de operações e por aí vai.

Uma das primeiras batalhas a vencer durante uma crise se dá numa espécie de "Túnel do Tempo" que remete ao futuro: tem a ver com capacidade da equipe da "Torre de Controle" de antecipar as tais questões "incômodas". Por isso, cabe a seus integrantes **elaborar** *antecipadamente* **uma lista de prováveis perguntas e suas respostas**.

E, de posse desse material, organizar um treinamento eficiente com o porta-voz designado. A informação precisa é o material essencial ao gerenciamento de crises. Uma medida adicional é cuidar para que a mídia e outros públicos recebam dados corretos e alinhados sobre a empresa. É comum acontecer defasagens nas informações passadas para públicos diferentes e o que pode parecer um simples desalinhamento interno pode trazer grandes transtornos.

Em paralelo, **deve-se evitar sempre** — e *principalmente em momentos críticos* — **fazer projeções, estimativas ou previsões**! E a razão é simples: elas poderão voltar à companhia, mais adiante, como *promessas não cumpridas*, na forma — até mesmo — de ações da CVM contra seus diretores estatutários, membros do Conselho de Administração, dos Comitês de Auditoria ou Fiscal e contra a própria companhia!

Em especial, em um mundo imperfeito, **não se comprometa nunca com valores futuros das ações**! Se houver algum questionamento da CVM ainda em andamento, especialmente algum importante, a recomendação é divulgar a informação proativamente, **por meio de Fato Relevante**, comunicado à imprensa, site, teleconferência com analistas e jornalistas etc.

Outra medida importante para a empresa que pretende enfrentar crises com eficiência, para colher bons frutos adiante, é fazer atualizações regulares e frequentes das informações prestadas. Isso porque o interesse do público e dos stakeholders poderá se manter por um longo tempo. Dessa forma, de que adiantaria fazer um esforço inicial e isolado de comunicação momentânea, no auge da crise, para em seguida dar por encerrado esse trabalho? Não faria sentido.

É preciso dar continuidade ao trabalho de prover informações pertinentes e confiáveis, ampliando a transparência da companhia e aprender com as lições do momento. Uma crise como a atual, da Covid-19, por exemplo, inédita pela origem, proporções e repercussões no mundo globalizado de hoje, comprova a necessidade desse trabalho contínuo.

A informação é para as empresas a contrapartida para a captação de recursos no mercado. É preciso levar em conta, também, que as medidas de popularização do Mercado de Ações empreendidas com sucesso no Brasil atraíram quase **3 milhões de pessoas** para as ações das companhias brasileiras, e que essas pessoas se tornaram sócias delas. Apesar da crise, *há vários IPO's programados para os próximos trimestres*. Se bem-sucedidos, as ofertantes poderão captar dezenas de bilhões de reais de seus "novos sócios".

Crises são momentos de teste: é quando os *compromissos* com os investidores são testados. O preço por se sair mal nesse teste é a perda da credibilidade! E, como o grande investidor norte-americano **Warren Buffett** mencionou certa vez: **"Faça a empresa perder dinheiro e serei compreensivo. Faça a empresa perder a sua credibilidade e serei impiedoso!"**

REPUTAÇÃO EMPRESARIAL

Há muitos anos, por volta de 2002, estive em uma conferência internacional organizada pelo **IIRF** (Federação Internacional de Relações com Investidores). Naquele evento, em Zurique, na Suíça, assisti a uma apresentação que me causou uma impressão marcante. Esta foi realizada pela Nokia, a importante empresa finlandesa de telecomunicações. O tema principal da palestra foi a sua estrutura interna e de gestão da área de Relações com Investidores.

A **Nokia Corporation** é uma empresa multinacional finlandesa fundada em 1865, quando era, então, uma produtora de celulose e papel! Tem sede em Keilaniemi, cidade vizinha a Helsinque, capital da Finlândia. **A Nokia é uma empresa que já se reinventou totalmente algumas vezes.** E isso só foi possível graças à sua excelente Reputação Corporativa ao longo de décadas!

Em 2008, ela era a líder mundial na fabricação de celulares, com aproximadamente 40% do mercado de telecomunicações. Até que sua divisão de *produtos & serviços* foi vendida por **US$5 bilhões** à Microsoft, em setembro de 2013. Recentemente, a empresa anunciou o lançamento de um software de atualização de estações rádio base 4G para as redes 5G! Com isso, o custo de instalação do 5G pode cair em dezenas de bilhões de euros, segundo a fabricante finlandesa.

Para os executivos da Nokia, o conceito de "branding" já era então tão forte em 2002 que a apresentação de seu representante se concentrou em mostrar como *todas as áreas da empresa associadas à imagem da companhia e voltadas para a comunicação corporativa em seu sentido mais amplo (com todos os seus públicos), inclusive Relações com Investidores, ficavam sob um mesmo guarda-chuva* — uma *Vice-Presidência Internacional* cujo nome me marcou muito: a vice-presidência de "Reputação Corporativa".

E por que isso? Porque, de fato, todas as atividades que afetam a reputação corporativa de uma empresa estão cada vez mais interligadas, local e globalmente, e de forma inexorável. Algo que a Nokia já havia percebido e já praticava na década de 2000. Uma empresa que é reconhecida amplamente por fabricar e vender um bom produto (ou vários) e que conquista essa certeza com seus clientes, também gera influências e expectativas muito positivas no público com relação ao desempenho das ações da companhia. Hoje, isso é que vemos acontecer, por exemplo, com a Apple, Google, Microsoft, entre muitas outras.

Portanto, essa geração de confiança pode servir para atrair os clientes de produtos fabricados pela empresa, entre outros, para outro nível de relacionamento, fazendo-os se interessar também pelas ações que ela oferece. É a boa reputação empresarial falando mais alto. Ainda mais, se a companhia tiver um histórico de transparência, boa governança e de boa relação com o mercado de capitais.

Algumas empresas já agem proativamente nesses casos, convidando os consumidores a comprar suas ações. Exemplos interessantes já se encontram em alguns produtos ou de qualidade reconhecida, nos quais se vê impresso no seu Manual de Uso ou embalagem: "Você gostou de seu novo produto? Então que tal ser nosso acionista? Visite o nosso site..." Trata-se de um *approach* bastante interessante para com o investidor pessoa física. Além de uma boa oportunidade de agregação de valor para um conjunto integrado: empresa, consumidores e acionistas — sendo que os dois últimos podem, futuramente, vir a formar um só grupo.

O conceito de **Reputação Corporativa** abrange uma ampla gama de componentes e determina não só o impacto que uma marca tem com o público consumidor, como sobre a cotação das ações da companhia, seu custo de capital e outras variáveis.

OUTRO EXEMPLO

A *Consumer Reports* se define como "uma organização internacional independente, fundada em 1935, sem fins lucrativos, que trabalha lado a lado com os consumidores". Ela realiza pesquisas rigorosas, jornalismo investigativo e defesa do consumidor. A organização visa, entre outros, apoiar as decisões de compras e tem muita credibilidade internacionalmente. Para 2020, a CR levantou a lista dos *"10 automóveis mais confiáveis e duráveis do mundo"*. Entre os dez selecionados, nove são japoneses e um é coreano! As marcas na lista são *Toyota, Lexus, Mazda* e *Hyundai*. Considerando que a Lexus é a marca de luxo da Toyota, esta ocupa sete das dez posições.

É óbvio que tal reconhecimento acaba por se refletir no valor das ações da empresa nas Bolsas em que estão listadas. A Toyota é negociada publicamente nas Bolsas de Tóquio, Osaka, Nagoya, Fukuoka e Sapporo sob o "ticker symbol" TYO. Além disso, a Toyota é listada na Bolsa de Valores de Nova York (NYSE) como TM e na Bolsa de Londres (LSE) como TYT.

É claro que a sua excelente reputação corporativa impacta positivamente o seu Valor de Mercado, assim como sobre seus custos de capital e, em seguida, sobre sua capacidade de captar recursos, de investir, de crescer e de inovar. Desde a sua listagem inicial em 1976 até hoje, a cotação das ações da Toyota, *ticker symbol* TM, se valorizaram em aproximadamente 1500%, já considerados ajustes ao longo do tempo.

Em muitos sentidos, **o mercado de capitais é o primeiro termômetro para medir como vai o nível de reputação de uma empresa**. Isso porque qualquer problema de credibilidade que atinja uma companhia vai, imediatamente, se refletir no seu valor em bolsa. E aqui é a área de RI que está na linha de frente da missão de manutenção da sua credibilidade e boa reputação no mercado de capitais. O melhor sempre, é claro, é evitar situações que exijam esforços para "resgatar" ou "recuperar" a credibilidade.

De qualquer forma, para conseguir três objetivos — melhorar a reputação corporativa no mercado, evitar danos à imagem da companhia ou consertar eventuais estragos — a área de RI precisa trabalhar de maneira estratégica, proativa e sempre muito afinada e coordenada com a alta administração e com outras áreas-chave da empresa. Em especial, com as áreas de Comunicação Corporativa, Relações Institucionais, Assessoria de Imprensa, Comercial e de Marketing, Meio Ambiente e RH/ações sociais, integradamente.

CONCLUSÃO

O RI COMO OPORTUNIDADE DE CRESCIMENTO

Espero que a leitura desta *modesta introdução* à especialidade de Relações com Investidores proporcione também uma motivação profissional para jovens executivos com formação em Economia; Administração; Engenharia; entre outras, para esta relativamente nova especialidade executiva, que pode ser bastante interessante para impulsionar suas carreiras nas empresas nas quais atuarem. Em especial, para aqueles com as características que descrevemos: interesse e curiosidade permanentes sobre a sua própria companhia e setor; desembaraço; domínio de línguas; bons conhecimentos de finanças e bom nível cultural.

Um jovem que começa como RI terá uma grande mola propulsora: a necessidade de se inteirar sobre todos os aspectos mais importantes da companhia e de interagir com praticamente todos os seus departamentos. Afinal, trata-se de uma posição que obriga o desenvolvimento de um conhecimento detalhado e integrado sobre a empresa em que trabalha e o seu segmento.

Essa visão holística lhe trará grandes benefícios ao longo de sua futura carreira (mesmo que não permaneça em RI), aprimorando suas habilidades profissionais e preparando-o para servir como um recurso valioso nas mais diversas e interessantes funções, e para um crescimento que pode vir a ser exponencial. Não há outra área dentro de uma companhia que exija conhecimento e abrangência tão amplos do funcionamento da empresa, *com exceção da sua Presidência.*

Além disso, um jovem executivo na equipe de RI terá uma oportunidade valiosa para a sua ascensão profissional, já que essa posição garante, entre outras coisas, **grande visibilidade interna e externa**: os profissionais da equipe de RI **convivem com a diretoria executiva, a presidência e conselheiros da empresa**. Convivem ainda com os analistas do Sell Side e do Buy Side, entre outros integrantes de grande notoriedade e importância dos vários públicos de relacionamento da companhia. Tal exposição, agregada à competência e habilidades que o profissional de RI demonstrar, poderá ajudá-lo a voar mais alto e mais rapidamente do que seus colegas.

Além disso, e por meio dessa convivência, os jovens integrantes de uma equipe de RI têm acesso a oportunidades de obter conhecimentos e de trocar informações fundamentais com o mercado de capitais nacional e global, quase sem paralelo. Isso acaba por qualificá-los como *profissionais de conhecimento muito diversificado e valioso*.

Por toda essa gama de experiências, oportunidades de reconhecimento e de crescimento profissional, a função de RI pode servir como uma base especialmente eficaz para que esses jovens profissionais conquistem posições futuras de relevo, nas mais diversas áreas e diretorias. Este livro é menos um guia detalhado sobre RI (não tem a pretensão de cobrir todos os detalhes e demandas de uma especialização tão ampla) e mais uma tentativa de estimular profissionais que estejam ocupando a posição de RI ou que pensam em ocupá--la a perceberem como é vasta, estimulante e promissora a oportunidade que têm pela frente. Boa sorte e muito sucesso!

"Faça a empresa perder dinheiro e serei compreensivo. Faça a empresa perder credibilidade e serei impiedoso."

— Warren Buffett

REFERÊNCIAS

BRASIL S/A. Donnelley Financial Solutions. Brasil, 1ª e 2ª edições, 2014 e 2020 (coordenadores: Atademes Branco Pereira, Marcelo Siqueira e José Marcos Treiger).

Eccles, Robert G. e Krzus Michael P. Relatório Único. St. Paul Editora Ltda, 1ª edição, 2011.

Treiger, J.M. Relações com Investidores: a arte de se comunicar com o mercado e de atrair investidores. Elsevier Editora. 2009.

ÍNDICE

A

abrindo o capital 82
agências de risco 71
alavancagens elevadas 61
alternativas de captação 69
análise da economia 55
analistas
    de equity 71
    de títulos de dívida 69
anúncio de encerramento do IPO 92
apoio tecnológico 165
apresentações
    públicas corporativas 216
    RI 208
arquivamentos tempestivos 168
assembleia geral 144

B

balanço
    ambiental 154
    patrimonial 32
    social 154
bancos coordenadores da oferta 90
boletim de voto a distância 144
bookbuilding 227
business due diligence 92

C

cadbury report 197
canal de comunicação 32
capacitação executiva 181
captação de recursos 30
características profissionais 42
certificado de negociação 233
ciúmes corporativos 41
código

de autorregulação 99
de boas práticas 194
colocação privada 232
comissão de crise 244
conferências de mercado 59
contrato
    de distribuição 95
    de transferência 148
controvérsias sociais 79
correção monetária 34
cotações online 171
CRM's financeiros 166
cronograma do IPO 93
cultura da transparência 32
custos
    de capital 30
    de operação 61

D

datarooms virtuais 94, 176
demonstrações financeiras 97
    padronizadas 112
destinação dos recursos 97
dicionário da governança 188
disclosure 135
distribuição de valores mobiliários 37

E

EBITDA 211
e-mail de alerta 169
estabilização de preços 103
estilos de investimento 54
estratégias de hedging 61
etapas do IPO 101
exemplos de metas 128

ÍNDICE **255**

qualitativas 128
quantitativas 128

exploração do pré-sal 37

F

fato relevante 148
fatores de risco 96
fechamento contábil 100
financiamento coletivo 37
fontes de energia alternativas 78
formulário de referência (FRE) 97
fundos

de investimento 60

privados 60

multimercados 60
de pensão 34

G

governança corporativa 79, 188
gráficos de cotações 171
guia de modelagem 168

I

incentivos fiscais 34
informações

espontâneas e de qualidade 135
fluxo interno 139
obrigatórias 112
voluntárias 137

instruções da CVM 111

586 199

investidores

ativos 54
individuais 66
institucionais 59
passivos 54

investimento socialmente
responsável

(SRI) 76

J

janelas de mercado 93

K

kick off meeting 91
kit do investidor 169

L

legal due diligence 94
lei Sarbanes-Oxley 192
levantamentos de Benchmarking 181
linha da ética 60
liquidez 62
listagem

direta 232
dupla 63

logística reversa 78

M

market makers 73
maximizar os resultados 61
memória

das comprovações 94
de cálculo 131

mercado

acionário 31
de dívida 64
secundário 70

mídia 240
modelos de listagem 234
muralha chinesa 93

N

necessidades de caixa 69
níveis de risco 61

de crédito 71

novo mercado 194

O

operações de fusões e aquisições 70
orçamento de RI 129

P

padrão de veracidade 96

pedido

de listagem das ações 100
de registro do IPO 100

perfil de risco 61

período de silêncio 92

pesquisas de percepção 180

pilot fishing 225

plataforma de publicação de conteúdo 169

política

ambiental 78
de divulgação 119

comitê 151

de negociação 118

pontuação social 78

práticas do IBGC 198

equidade 199
prestação de contas 199
responsabilidade corporativa 199
transparência 198

pratique ou explique 201

prazo para resgate 70

preparando um IPO 84

princípios ESG 77

problema de agência 191

programa

de ADR restrito 235
de energia renovável 78
de privatizações 34
de RI 124

propriedade concentrada 191

prospecto 95

de lançamento 70

provisão para devedores duvidosos 100

R

regimes de distribuição 95

garantia

de melhores esforços 95
firme

de liquidação 95
de subscrição 95

registro

de "prateleira" 98
públicos 165

regra 144A 234

regulamentações da B3 121

regulation S 235

relações com as comunidades 78

relatório

anuais 154
de sustentabilidade

(ou GRI) 156

integrado 156

release financeiro 137

reputação corporativa 30, 202, 249

reuniões individuais 120

RI estratégico 43

roadshows 222

S

sites de RI 167

sumário do emissor 96

T

targeting 57

teleconferência (webcast) 174

tendências do mercado 55

ter parceiros 85

tripé da sustentabilidade 158

V

valor

de mercado 30
nominal de lançamento 70